PROLOG

Zum ersten Mal in Südafrika, genauer, dem Westkap mit Kapstadt und dem näheren Umland, den Weinbergen und dem Kap der guten Hoffnung, war ich im Oktober 2014. Das Reiseziel ergab sich zufällig, als meine Mutter in einem Einrichtungsmagazin auf ein Haus in Kapstadt gestoßen ist. Der Artikel setzte sich auch mit der Landschaft, dem Land und den Leuten in der Region auseinander. Gebucht wurde noch am gleichen Tag. Ich habe meine Teilnahme an der Reise blind zugesagt – ohne genau zu wissen, wo Kapstadt liegt und was die Gegend ausmacht. Und wer bitte hätte denn wissen sollen, dass diese Reise mein Leben verändern würde? Ich war bis dahin bereits relativ viel und weit gereist. Thailand, Sri Lanka, China, Hong Kong und Kuba waren bereits auf der Fernreiseliste abgehakt. Seitdem habe ich die meiste (Reise)Zeit in Südafrika und dem südlichen Afrika verbracht. Insgesamt mehr als ein Jahr.

Immer wieder werde ich von Freunden, Freunden von Freunden, Bekannten, Familienmitgliedern und Kollegen angerufen, weil sie mehr über Südafrika erfahren wollen. Und immer wieder spicke ich meine Erzählungen und Empfehlungen mit persönlichen Anekdoten und Dingen, die mir besonders gut oder auch besonders schlecht gefallen haben. Ich habe das Gefühl, die Leute hören mir und dem, was ich zu erzählen habe, gerne zu. Und daran möchte ich dich teilhaben lassen.

Gestern bin ich wieder angerufen worden. Angelina war am Telefon. Sie habe ich 2015 in Kapstadt kennen gelernt. Sie ist weiter gereist nach Bali, ich bin geblieben. Seither verbindet uns eine angenehme Freundschaft. Sie hat mittlerweile Familie und wollte zurück nach Afrika und fragte, was ich ihr, ihrer kleinen Tochter und ihrem Lebensgefährten Martin empfehlen könne. Wann es denn losgehen solle, fragte ich. „Morgen. Wir haben gerade die Flüge gebucht" war ihre Antwort. Also lag es auch an mir, die passenden Unterkünfte, die beste Leihwagenfirma und die schönsten Gegenden aufzuzählen. Und das schnell. Natürlich habe ich nicht immer von jetzt auf gleich Zeit, mich mit den Reiseplanungen anderer Menschen auseinanderzusetzen. Und weil man vieles zu nennen vergisst, wenn man selbst in Eile oder mit den Gedanken woanders ist, war die Idee geboren: Ich schreibe einen kleinen Reiseführer. Aber anders als all jene Reiseführer, die es im Handel zu kaufen gibt. Ich möchte meine Geschichte erzählen. Meine Erlebnisse zu Papier bringen und in erster Linie Freunde und Familie daran teilhaben lassen. Es sind meine Fotos, die das geschriebene Wort illustrieren. Es warten keine oder kaum historische Zahlen, Daten und Fakten. Sondern Erlebnisse und Gedanken. Nicht die eines fiktiven Ich-Erzählers, einer Reflektorfigur, sondern jene, die der subjektiven Wahrnehmung meiner selbst entsprechen. Ich möchte also all jenen das Land in meiner subjektiven Wahrnehmung näherbringen, die mit einer Reise dorthin liebäugeln. Ich möchte meinen Humor einfließen lassen, ich möchte den Leser zum Lachen bringen und ich möchte gespannt sein. Und das bin ich! Gespannt auf die Rückmeldungen all jener, die das Land bereist haben oder nach der Lektüre bereisen möchten. Und gespannt auch auf die Gründe jener, die das Land nach der Lektüre nicht (mehr) bereisen möchten. Gibt es diese Menschen auch?

Vielleicht kennt mich ja gar nicht jeder, der es bis hierhin geschafft hat. Wer bin ich also? Ich bin Johannes. Bei diesen Zeilen bin ich 29 Jahre alt und voller Hoffnung, dass die bald anbrechende vierte Dekade meines Lebens mich auch weiterhin reisen lässt. Vielleicht ja sogar mit einer Familie. Wenn möglich, der eigenen. Sonst wird es schnell unangenehm. Aktuell ist mein Beziehungsstatus jedoch „Ich liege diagonal im Bett und keiner kann sich daran stören". Es gibt also eine Menge zu tun! Die Ausprägung meiner Hobbies, unter Anderem Fotografie und Videografie, ist mit der Leidenschaft zu Reisen, gewachsen. Professionell ist das nicht. Aber es macht Spaß. Professionell ist auch nicht meine Fähigkeit, Bücher zu schreiben. Aber auch das bereitet mir Freude. Und deswegen ist mir relativ gleichgültig, ob anderen Menschen gefällt, was ich mache. Der Erschaffungsprozess ist für mich persönlich spannend. Es ist ein Abtauchen und Abschalten. Vielleicht ist es vergleichbar mit einem Musiker, der sich in einem Stück verlieren kann. Und so schreibe ich dieses Buch letztlich doch in erster Linie für mich, möchte aber dich, lieber Leser, am Ergebnis teilhaben lassen. Darüber hinaus hilft die Niederschrift der eigenen Erinnerungen auch, das

Vergessen zu verhindern. Ich kann die Dinge nachlesen und sie mir wieder ins Bewusstsein rufen.

Sämtliche Erzählungen und Erlebnisse sind in nicht-chronologischer Reihenfolge entstanden, sondern einfach so niedergeschrieben, wie sie mir in den Sinn gekommen sind. Vermutlich also ziemlich durcheinander.

Widmen möchte ich das Buch meiner Familie. Ich kann voller Stolz und Glück behaupten, immer unterstützt worden zu sein. Die Idee, einen gut bezahlten Job vorübergehend aufzugeben, war unter rationalen Erwägungen wenig sinnvoll – vorsichtig formuliert. Und dennoch war es mein Wunsch. Es war der Drang, etwas zu erleben, etwas Neues zu sehen, die Ferne zu erkunden. Für die Unterstützung in dieser Zeit möchte ich euch von Herzen danken. Ebenso für den bedingungslosen Zusammenhalt, der uns schon immer ausgezeichnet hat. Herzlichen Dank.

Ich wünsche dir viel Freude beim Lesen und hoffe, dass du mich an der einen oder anderen Stelle wiedererkennst.

Johannes Sapper. 2019.

170cm groß. 669.9m hoch. Das bin ich.

Inhaltsverzeichnis

Mein erstes Mal Südafrika: The Mothercity

Ein ganz normaler Tag im Frühsommer. Der Himmel ist etwas wolkenverhangen, das sonst satte Blau schimmert allenfalls gräulich. Vielleicht ist es auch sonnig und angenehm warm und weckt ein positives Grundgefühl wie „Könnte es besser sein?". Was zutreffend ist? Wer soll das noch sagen können. Auf jeden Fall zeigte das Display meines Smartphones „Annette ruft an". Ob wir mit der Familie wieder auf Reisen gehen sollen? Natürlich, ich bin dabei. Das Reiseziel, Kapstadt, Südafrika, sagt mir leider nicht sehr viel. Afrika habe ich bislang noch nicht betreten und es ist ein Kontinent, der bei vielen Menschen Unbehagen auslöst. Hungersnöte, Gewalt, Krankheiten und brutale Despoten prägen das Bild in der Nachrichtenlandschaft. Und damit auch meine Bedenken hinsichtlich des Reiseziels. Wieso Afrika? Es gab einen Artikel in einem Magazin für Inneneinrichtung und Immobilien. Die Familie, die sich mit ihrem Heim bei diesem Magazin um die Veröffentlichung beworben hat, wohnt also in Kapstadt oder der näheren Umgebung und so liegt es nahe, dass sich der Artikel auch mit der Stadt, dem Land und den Leuten auseinandersetzt. Es sieht beeindruckend aus und so ist letztes Endes ein Einrichtungsmagazin für die Wahl des Reiseziels verantwortlich. Noch am selben Tag sind die Flüge gebucht und über einen Bekannten eine Unterkunft gefunden, angefragt und bestätigt. Das Trio aus Flug,

Mietwagen und Unterkunft steht. Im Oktober geht es los und ich freue mich, dass meine Mutter ein Fable für Einrichtungsmagazine hat und es im Haushalt keine Literatur über die Kieler Förde gibt.

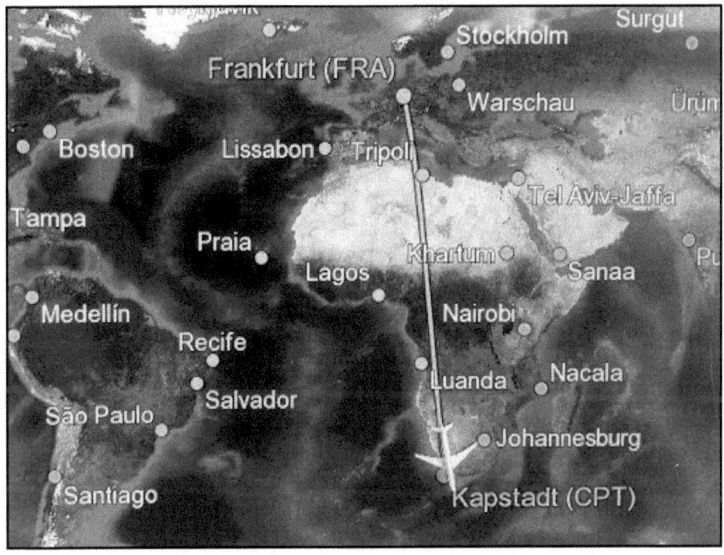

Ca. 33.000 Fuß Höhe. Knapp 10.000km Entfernung. Fast geschafft. Cabin Crew: Prepare for Landing!

Es gibt, glaube ich, nur wenige Flughäfen weltweit, die so zeitnah zur Landung schon mit der Gepäckausgabe beginnen. Häufig habe ich schon beim Erreichen des Gepäckförderbandes meinen Koffer entdeckt. Nur noch fest zugreifen, mit einem kräftigen Ruck vom Förderband ziehen und begutachten: Die Anzahl der Dellen, Kratzer und Beulen meiner Aluminiumkoffer nimm mit jeder Reise zu. Aber das stört mich nicht weiter, denn man muss sehen dürfen, dass man etwas erlebt hat. Und das gilt auch für das Gepäck. Aus einer gewissen Eitelkeit heraus habe ich dennoch in Erfahrung gebracht, dass es für das Aluminium eine spezielle Politur gibt und es beim Hersteller auch ein Angebot zum Ausbeulen gibt. Für meine Koffer ziehe ich das in Betracht – für mich persönlich möchte ich von kosmetischen Eingriffen aber Abstand nehmen.

Ich reise gerne allein und es macht mir nichts aus, ohne Begleitung an meinem Ziel anzukommen. Die Erlebnisse mit Freunden oder einer Partnerin zu teilen, ist jedoch am schönsten. Die Möglichkeit, mich einer Reisegruppe anzuschließen, habe ich nie erwogen. Meine Frei- und Reisezeit mit Menschen zu teilen, die ich nicht kenne und eventuell auch nicht leiden mag, kommt für mich nicht in Frage. Wenn mich etwas stört, möchte ich mich einer Situation immer entziehen können. Ich möchte Herr der Lage bleiben und die Gestaltungshoheit waren. Und ich möchte die Verantwortung für das Gelingen einer Reise nicht die Hände eines gelangweilten Reiseführers legen. Wie kann man so wenig Verantwortung für sein Leben übernehmen?

Ich verstehe nicht, wieso manche Menschen immer nur geführte Touren oder Rundreisen mit einer größeren Gruppe buchen. Eine Zeit lang habe ich in Kapstadt in einer deutschen Buchhandlung gearbeitet. In der direkten Nachbarschaft war ein Tourvermittler. In den Raucherpausen konnte ich beobachten, wie die Touren, zum Teil angesetzt für mehrere Wochen, vor unserem Eingang begonnen oder endeten. Heterogener kann eine Reisegruppe kaum zusammengestellt werden. Das Buch „Hummeldumm" von Tommy Jaud kommt mir in den Sinn. Eine geführte Reisegruppe, die durch Namibia fährt und deren Teilnehmer sich untereinander überhaupt nicht ausstehen können. Die privaten Probleme des Protagonisten machen die Situation nicht besser – münden aber in einem urkomischen Buch, dessen lebhafte Erzählweise es dem Leser leicht macht, eine Abneigung gegen Gruppenreisen zu entwickeln. Vermutlich muss man ein bestimmter Typ sein, um so etwas über sich ergehen zu lassen. Devot vielleicht. Oder Masochist. Aber vermutlich passt das dann wieder ganz gut. Zumindest, wenn beides vertreten ist.

Da ich auch im Urlaub mobil sein möchte, miete ich immer ein Auto. Normalerweise reicht ein Kleinwagen. Bei geplanten Touren in unwegsames Gelände darf es dann ein SUV sein. Auch ist es mir immer wichtig, den Kontakt zu Freunden und der Familie zu behalten. Einerseits ist es zwar schade, wenn man ständig das Smartphone zückt, dennoch genieße ich die Erreichbarkeit und die Möglichkeit, ab und an ein Statusupdate zu schicken. Weil ich um die sorgenvolle Verwandtschaft weiß, kaufe ich mir normalerweise noch im Flughafen bei einem der Anbieter im Ankunftsbereich eine SIM-Karte. Beim ersten Mal hat es gedauert, bis ich begriffen habe, dass in Südafrika zwischen Guthaben für Telefonie (Airtime) und Guthaben für die Internetnutzung (mobile data), unterschieden wird. Also wähle ich einen Tarif mit ein wenig Guthaben für Telefonie -man weiß ja nie, wofür man es braucht- und deutlich mehr für die Internetnutzung. Man weiß genau, wofür man es braucht: Bilder und Videos müssen an alle gesendet werden, die in der kalten Heimat sitzen. Warum sollte ich nicht zeigen, dass es mir gut geht?

Ein entscheidender Vorteil ist außerdem, dass ich mich auf diese Art von den Kosten für ein geliehenes Navigationssystem befreien kann. Denn Kleinwagen sind zwar bereits ab 12-15 Euro pro Tag bei den auch aus Europa bekannten Anbietern zu bekommen, Zubehör wird aber sehr teuer abgerechnet. Also habe ich alles in einem: Smartphone, Kamera, GPS.

Bemerkenswert finde ich, wie gut der Empfang in Südafrika im Vergleich zu Deutschland ist. In Deutschland arbeite ich in einer ländlichen Region. Telefongespräche im Auto zu führen ist unmöglich, denn immer wieder reißt der Empfang ab und das Gespräch wird unverständlich, hat Aussetzer oder wird ganz beendet. Ganz anders in Südafrika, wo häufig selbst weit abseits von bebautem Gebiet noch hervorragende Empfangs- und Internetqualität erreicht wird. Hier können wir uns mal was abgucken. Und das am besten schnell. Aber nun gut:

„Das Internet ist für uns Alle Neuland." (Angela M., Mutter der Nation).

Auf dem Weg durch das Terminal lasse ich den Blick nach links und rechts schweifen. Häufig gibt bereits die Gestaltung des Ankunftsbereiches einen kleinen Einblick in die Kultur eines Landes, oder die prägenden, aktuellen Geschehnisse. In Kapstadt ist das ganz klar der Wassermangel. Die Aufforderung, nur ein Minimum an Wasser zu verbrauchen, ist omnipräsent. Flaschen, Gefäße und Hinweisschilder sensibilisieren bereits bei der Ankunft, dass man möglichst behutsam mit dieser kostbaren Ressource umgehen möge. Jedes Mal aufs Neue nehme ich mir vor, das auch in Deutschland umzusetzen und scheitere doch immer wieder kläglich. Vermutlich, weil es sich zuhause so anfühlt, als sei Wasser eine unendliche Ressource. Ein schlechtes Gewissen drängt sich auf, verflüchtigt sich aber auch direkt wieder, weil der Blick auf den Nachbau der Zelle Nelson Mandelas auf Robben Island, der ehemaligen Gefängnisinsel vor der Küste Kapstadts, fällt. Klein und beengend ist sie. Ich bleibe kurz stehen und stelle fest, dass niemand sonst den Nachbau bemerkt. Schade eigentlich, dass die Menschen offenbar keine Wahrnehmungsfähigkeit für die kleinen Dinge haben. Vielleicht ist die Zelle aber auch einfach zu klein. Kurz darauf verlasse ich das Terminal und rauche in der Sonne eine Zigarette. Angekommen. Auch hier zeigt sich immer das gleiche Bild: Niemand hat Zeit, niemand hat Muße. Alle sind in Hektik. Als gäbe es einen Preis für denjenigen, der zuerst im Zentrum von Kapstadt ankommt. Mir ist das fremd. Und wenn ich die einheimische Bevölkerung beobachte, die sich fast lethargisch bewegt, verknüpfe ich dieses Verhaltensmuster zur ersten Gemeinsamkeit. Und ich bin stolz: Es gibt Menschen, die sind noch langsamer als ich. Das tut gut.

Nach der Zigarette und daher jetzt mit leichtem Schwindel, nehme ich 100 Meter weiter meinen Mietwagen entgegen. Die Abwicklung ist schnell und einfach, ich buche keine Versicherungen (wird schon nichts passieren) und sitze nur wenige Minuten später im Auto. Der Linksverkehr hat mir nie größere Probleme bereitet. Einzig den Rückspiegel vermute ich immer auf der falschen Seite, weshalb ich ihn viel zu selten nutze. Ich verstaue meinen internationalen Führerschein, den ich noch nie gebraucht habe, und starte in Richtung Kapstadt. Die Fahrt dauert nur ca. 20 Minuten und dennoch gibt sie bereits einen tiefen Einblick in die Probleme der Region oder gar des Kontinents. Die ersten Minuten führen mich vorbei an Wellblechhütten, schrecklich kleinen, selbst gezimmerten Behausungen, die sich bis fast an den Standstreifen der Autobahn N2 schmiegen. Über Kilometer hinweg zeigt sich kein anderes Bild. Hunderttausende Menschen, Männer, Frauen und Kinder, müssen hier wohnen. Ohne eigene Sanitäranlagen. Ohne Job. Ohne Klimaanlage. Und vermutlich ohne Perspektive. Inwiefern die Politik wirklich redlich versucht, die

Lebenswirklichkeit dieser Menschen zu verbessern, habe ich nie beurteilen können. Aber ein Stück weiter sehe ich aus dem Augenwinkel aus Stein gebaute Häuser. Sie verfügen über Klimageräte und Solarmodule. Es sind einfache Häuser, wie ich sie aus der Heimat im Bereich des sozialen Wohnungsbaus kenne. Es ist ein Bebauungsprojekt, das die Townships, also die Wellblechsiedlungen, verschwinden lassen soll. Die Menschen sollen in relativ normale Häuser ziehen. Ich hoffe, dass dieses Projekt wirklich so lange fortgeführt wird, bis wirklich alle Wellblechhütten verschwunden sind, glaube aber nicht daran.

Von der Autobahn abgefahren, sind es nur noch wenige Kilometer über eine Schnellstraße, bis ich mein Ziel erreiche. Die Schnellstraße bietet bereits einen guten Ausblick auf Kapstadt und den Hafen zur rechten Seite und den Tafelberg zur linken Seite. Und spätestens jetzt habe ich die Townships (leider?) wieder verdrängt und freue mich auf Kapstadt. Ich möchte einen Kaffee trinken und dann zum Hafen fahren. Ich möchte ankommen, etwas essen, die Seele baumeln lassen und einen ruhigen ersten Tag verbringen. Dass ich erst noch in das BnB fahren muss, um dort einzuchecken, vergesse ich fast. Als endlich auch das erledigt ist und ich feststelle, dass die anderen Gäste schlimmer sind, als Tommy Jaud sich das jemals hätte ausdenken können, rufe ich mir ein Uber.

Uber: In Deutschland ist Uber zwar kaum verbreitet und zum Teil verboten oder nur mit bestimmten Auflagen erlaubt, für mich ist und bleibt es aber einfach das bessere Taxi. Lad dir die Uber-App herunter und hinterleg deine Kreditkartendaten. Du kannst einfach von deinem Standort aus das Ziel eingeben und kriegst den Preis für die Beförderung angezeigt. Der Fahrer kann anhand von Bewertungen ausgewählt werden. Nimm einen anderen Fahrer, wenn er dafür bekannt ist, alkoholisiert und aggressiv zu sein. Wer hat schon Lust, sich von einem Betrunkenen fahren zu lassen? Das kannst selbst du in diesem Fall besser. Ist aber keine gute Idee, denn bis du einen Richter siehst, musst du hinter schwedische Gardinen. Und das ist nicht schön. Insbesondere nicht am Wochenende. Denn Richter bearbeiten solche Fälle erst montags wieder. Wäre allerdings eine spannende Urlaubsgeschichte. Wie dem auch sei: Am Ende der Fahrt wird der Betrag, optional mit einem Trinkgeld für den Fahrer, von deiner Kreditkarte abgebucht. Theoretisch kann auch bar bezahlt werden. Das wird insbesondere genutzt, wenn du ein Uber für eine andere Person mit einem anderen Ziel als dem eigenen bestellst. Durch die äußerst geringen Bargeldbestände in den Fahrzeugen ist es unattraktiv geworden, Taxifahrer zu überfallen und auch du musst für diesen Fall kein Bargeld vorrätig haben. Ein tolles System. Fahrer und Fahrgast können sich gegenseitig bewerten, sodass jeder einen Anhaltspunkt bekommt, auf wen er sich einlässt.

Es ist also nur ein Klick und ich bin auf dem Weg an die Waterfront, einem großen Freizeitbereich in unmittelbarer Nähe zum Fußballstadion (WM 2010) und direkt am Meer. Es umfasst eine große Shoppingmall, Cafés, Bars, Food Markets, ein Riesenrad und u.a. auch einen Kunstmarkt. Immerhin ist das Waterfront-Areal der meistbesuchte Ort ganz Afrikas. Nicht der Kruger-Nationalpark, nicht das Kap der guten Hoffnung und auch nicht der Tafelberg. Nein, eine Shoppingmall! Die allerdings ist äußerst liebevoll gestaltet und Magnet nicht nur für Touristen, sondern auch für Einheimische. Es ist einer der Hotspots, wo man sich trifft, eine schöne Zeit miteinander verbringt, etwas isst und trinkt.

Ashley

Die aufregendste Zeit in Kapstadt hatte ich zusammen mit Ashley, meiner Ex-Freundin. Am letzten Tag des Urlaubs mit der Familie -wir waren bereits im internationalen Abflugbereich des Cape Town International Airport- aßen wir Fisch. Ich beschloss, die Familie einzuladen, denn über den Urlaub hinweg hatten wir, wie immer, eine ungleiche Verteilung der Kosten. Und mittlerweile verdiente ich ja auch mein eigenes Geld und war ein wenig stolz, nach der Zeit des Darbens im vorangegangenen dualen BWL-Studium, das auch machen zu können. Wir tranken eindeutig zu viel Wein. Das war aber nicht weiter schlimm, denn keiner von uns ist Pilot und was du heute kannst entkorken, das verschiebe nie auf morgen. Nach 2 oder 3 Flaschen Wein (zusammen, nicht pro Person) wollte ich rauchen. Da ich den Wegweiser zum nächsten Raucherbereich nicht finden konnte, ging ich auf einen Sonnenbrillenladen zu. Sunglasses Hut. Gibt es dort leider im Moment nicht mehr. Die Verkäuferin dort war schlank, hatte braune Haut und große, braune Knopfaugen. Dazu eine riesige Lockenmähne und sie lächelte mich an. Keine Ahnung, ob es Liebe auf den ersten Blick war, aber das Rauchen rückte direkt in den Hintergrund und ich wusste nicht, was ich ihr erzählen sollte. Ich glaube, ich habe etwas gestottert wie „Rauchen ist jetzt auch egal, ich bleibe jetzt hier" und versucht, einen möglichst nüchternen und souveränen Eindruck zu hinterlassen. Die

Unterhaltung endete in einer Art Wette, ob ich wirklich wieder nach Kapstadt fliegen würde, um sie auf einen Kaffee einzuladen. Weil ich im Flughafen kein Netz hatte, war es mir nicht möglich, die Telefonnummer, die sie mir gab, auf ihre Richtigkeit hin zu überprüfen. Aber als wir in Frankfurt landeten, schrieb ich Ash direkt eine Nachricht. Und es war der Beginn eines aufregenden Kennenlernens über die Kontinente hinweg. Wir schrieben jeden Tag. Es war morgens das Erste, was wir getan haben und auch abends das Letzte, bevor wir zu Bett gingen. Und die Flugtickets nach Kapstadt hatte ich bereits. Ich hatte eine Wette zu gewinnen. Und ein neues Leben. Und ich wollte nichts unversucht lassen, ihr das zu zeigen. Vielleicht habe ich es am Ende auch zu deutlich gezeigt, das weiß ich nicht. Zumindest hatten wir 2 Wochen, die alles bisher Dagewesene in den Schatten stellten. Wir sahen uns (fast) jeden Tag und Ash zeigte mir immer neue Gegenden, Plätze und auch Weingüter. Ich lernte ihre Familie kennen und verstand mich auch mit ihr, mit Ausnahme des Vaters, prächtig.

Dadurch stand für mich nach kurzer Zeit fest, dass ich Ashley wiedersehen muss. Kaum zurück nach dieser Zeit, wir waren nun zusammen, habe ich das Gespräch mit meiner Vorgesetzten gesucht und mir ein Jahr unbezahlten Urlaub erbeten. Und kurz danach bin ich wieder nach Südafrika geflogen. Ich musste ein paar Dinge erledigen: Job suchen, Ash sehen, eine gute Zeit haben. Und damit war der Startschuss gefallen für mein eigenes

Abenteuer. Eines, um das ich viele andere in der Schulzeit immer beneidete. USA, Kanada, Neuseeland. All diese Ziele steuerten die Klassen- und Stufenkameraden an. Und nun war ich an der Reihe. Südafrika sollte es sein. Und ich war bereit. Los geht's. Voller Hoffnungen und Erwartungen.

Diese Zeit war letzten Endes die beste Zeit, die ich jemals hatte. Die Erwartungen an die Liebe wurden allerdings nicht erfüllt. Dennoch sind wir uns noch heute mal mehr und mal weniger freundschaftlich verbunden. Der Kontakt ist aber nie abgerissen und wenn einer von uns mal Sorgen oder Nöte hat, oder auch einfach Freude teilen möchte, dann wissen wir immer um jemanden auf der anderen Seite der Welt. Fern der Heimat sitzt immer ein offenes Ohr. Eine schöne Freundschaft, wobei wir uns trotz diverser Aufenthalte nie mehr wiedergetroffen haben. Vielleicht ergibt sich das mal. Vielleicht auch nie wieder. Wer weiß. Auch hier bin ich einfach gespannt und lasse die Dinge geschehen.

Unterkünfte und Stadtteile

Aber noch mal einen Schritt zurück. Welche Unterkünfte kann ich eigentlich empfehlen? Neben meinen Gedanken und Erlebnissen soll ja auch ein konkreter, messbarer Mehrwert entstehen.

Bluesky BnB Oranjezicht: Das Bluesky B&B ist ein empfehlenswertes Guesthouse unter deutscher Leitung im Stadtteil Oranjezicht.

Hierhin hat uns auch der Weg als erstes geführt. Aus dem Zimmer überblickt man die ganze Stadt bis fast zum WM-Stadion und auch über die Bucht vor Kapstadt. Besonders nachts, wenn die Lichter der Stadt den Himmel erhellen, zeigt das leuchtende Riesenrad der Waterfront, wo ich heute schon gewesen bin. Der Strand auf der anderen Seite der Bucht ist der Blauwbergstrand: Einer der weltweiten Hotspots für Kite-Surfer. Dazu später mehr.

Blick in die Weite aus dem Bluesky B&B, Rugby Road, Cape Town. https://www.bluesky-bb.co.za/

Eine gelungene Alternative zum Bluesky B&B: Redbourne Hilldrop, Roseberry Ave, Cape Town. http://www.redbourne.co.za/

Beide BnBs sind preislich moderat, relativ zentral und dennoch ruhig gelegen. Beide bestechen durch einen erstklassigen Ausblick und einen Pool. Vor Ort liegen Flyer aus, die Auskunft über mögliche Ausflugsziele geben. Andere Gäste und die Eigentümer wollen aber auch beratend zur Seite stehen, da brauchst du aber nicht zuhören. Denn nach der Lektüre dieser Zeilen hast du genug Input um mehrere Wochen spektakulär füllen zu können. #justsayin

Spaß bei Seite. Es ist aber wirklich so, dass sich sämtliche Empfehlungen und Hinweise ähneln. Es werden die gleichen Strände, Weingüter oder sonstige Hotspots empfohlen. Diese haben nun auch in dieses Buch Einzug gehalten. Es sind Plätze, die mich immer wieder begeistern. Nichts ist dabei, was ich einmal gesehen und schlicht abgehakt habe. Es sind alles Plätze, die ich wieder und wieder besuche und die eine Faszination in mir geweckt haben. Vielleicht sehen manche Menschen das anders, aber wie eingangs erwähnt: Es soll meiner subjektiven Wahrnehmung entsprechend erzählt werden. Und darauf lässt du dich gerade ein. Und ich hoffe doch auf eine Rückmeldung, ob dir diese Orte genauso gut gefallen wie mir.

Überblick über die Stadt und die Umgebung.

V&A Waterfront

Der bereits erwähnte Shopping- und Freizeitkomplex eignet sich hervorragend zum Verleben des ersten Tages, zum Ankommen und Akklimatisieren. Die weitläufige Shoppingmall mit einem großen Kunstmarkt ist eingebettet in frühere Werftgebäude und im Gegensatz zur anderen Shoppingmalls geschmackvoll gestaltet. Denn normalerweise bestechen die künstlich angelegten und nicht organisch gewachsenen Viertel, insbesondere Shopping- und Freizeitareale, nicht mit ihrem Charme. Es ist ein angenehmer Mix aus Produkten internationaler und lokaler Designer, Händler und Künstler und wie gesagt, der meistbesuchte Ort des ganzen Kontinents. Straßenkünstler in traditioneller Kleidung tanzen und singen und die Leichtigkeit, mit der die Menschen inmitten dieser heterogenen Umgebung aus Armut und Reichtum leben, wird erlebbar. Und jetzt bin ich mitten drin. Nachdem der erste Hunger dank des Foodmarkets gestillt ist, kehre ich ein. Am liebsten sitze ich in einer Sushi- und Cocktaillounge am Wasser. Von dort kann ich sowohl den Tafelberg, als auch die Rückseite eines in den Komplex eingebetteten Amphitheaters sehen.

Warum trinkst du nicht dort einen Champagner (wird so verkauft, ist aber glaube ich einfacher Sekt) oder Wein in der Cocktail- & Sushilounge oberhalb des Harbour House? Empfehlenswert sind die Salmon Roses als Beilage. Der Blick über das Amphitheater ist ebenso schön, wie der Blick über den Hafen und den Freizeitbereich. Besonders schön wird es aber erst, wenn der Tafelberg von großen, weißen Wolken, dem Tischtuch, behangen ist. Und mit etwas Glück schwimmt sogar eine Robbe vorbei.

Riesenrad und Shopping Mall am Abend: V&A Waterfront, die meistbesuchte Sehenswürdigkeit des Kontinents.

Der Blick in die andere Richtung: Die südafrikanische Flagge vor der Kulisse alter Hafenanlagen und dem Tafelberg. Gleichzeitig ist der Tafelberg ein Orientierungspunkt für all jene, die meiner BnB-Empfehlung Folge geleistet haben. Denn unterhalb der Cable-Car-Station, der Seilbahnstation, liegt Oranjezicht.

Spätestens jetzt ist der Punkt erreicht, wo die Strapazen des Fluges und einer mehr oder weniger schlaflosen Nacht von mir abfallen. Um froh zu sein bedarf es wenig. Es genügt der Gedanke an die 12 Stunden entfernte Heimat, die wegen der entgegengesetzten Jahreszeiten verschneit, verregnet oder zumindest kälter als das Westkap ist. Es ist ein wohliges Gefühl, wenn die Sonnenstrahlen auf der Haut kitzeln. 2 Wochen lang nichts tun müssen aber alles tun können, wonach mir der Sinn steht. Jetzt ist das erst mal ein Glas Sauvignon Blanc und eine Zigarette. So kann es bleiben.

Das Viertel Oranjezicht liegt am Fuße des Tafelberges. Daher ist es besonders einfach, zurück zum Hotel oder dem Guesthouse zu finden. In der nahen Umgebung ist das Viertel Tamboerskloof (auch Krauthügel genannt wegen der überdurchschnittlichen Ansiedlung deutschsprachiger Auswanderer). Die passende Urlaubslektüre vergessen? Findest du auch dort, auf der Kloof Nek Road! Neben der Dinkelbäckerei ist in dem Gebäude die einzige deutsche Buchhandlung Kapstadts und vermutlich auch Südafrikas. Und damit dürfte es sich um die geographisch südlichste deutsche Buchhandlung weltweit handeln. Am Fuße der Kloof Nek Road (Ecke Burnside Road) betreiben Freunde von mir, Ron und Albina, ein italienisch-portugiesisches Restaurant. Beleza. Ron und Albina sind zwar beide Südafrikaner, haben aber Wurzeln in Portugal (Albina) und Essen, Deutschland (Ron). Bei Rons Herkunft ist die Arbeitsteilung naheliegend: Ron kümmert sich um die Küche, Albina um den Service. Und damit schafft sie, zusammen mit ihrem Team, eine angenehme Atmosphäre, die Ron immer wieder aufs Neue mit hervorragenden Gerichten untermalt. Setz dich raus und beobachte das Treiben auf der Straße. Sollte dir am Abend kalt werden, findest du im Inneren auch einen kleinen Second Hand Laden. Eine neue Jacke ist bestimmt drin.

Ich liebe es immer wieder aufs Neue, dort zu sitzen. Die Straße ist zwar laut, aber es gehen und fahren so viele Menschen vorbei, dass es immer wieder spannend ist, sie zu beobachten und die Stimmung zu erfassen. Auf der anderen Seite der Kreuzung ist „Power and the Glory": Eine Kneipe mit nur begrenzten Sitzplätzen, weshalb die meisten Gäste innen und außen stehen. Es sind meist Gäste aus aller Welt, die sich dorthin verirren. Ein hervorragender Ort, um einen Absacker zu nehmen.

Ebenfalls unter der Führung von Albina und Ron gibt es im Stadtzentrum das Mozart on Church, ein Café auf der Church Street. Mitten in der Fußgängerzone in einem Abschnitt mit vielen kleinen Galerien kannst du auch hier einen Wein oder Kaffee genießen und mit anderen Menschen ins Gespräch kommen.

Kleiner Tipp für Entdecker: Lauf die Burnside Road in Tamboerskloof von Beleza aus hoch, bis du in einer der Seitenstraßen auf der rechten Seite das Blue Café entdeckst. Wenn dir der Sinn nach einem Glas Wein steht, frag mit einem Augenzwinkern nach weißen oder roten Oliven. Das Blue Café besticht mit selbstgemachten Speisen und Getränken und bietet darüber hinaus verschiedene lokale Feinkost aus eigener Produktion an. Es hat jedoch keine Konzession für den Verkauf von alkoholischen Getränken.

Wenn du mit deinem Glas Sauvignon Blanc bei Rons und Albinas „Beleza" auf der Terrasse sitzt und die Straße hinab schaust, erstreckt sich zu deinen Linken das Stadtviertel Tamboerskloof, zu deiner Rechten, die Straße zwischen den Cafés und Bars abwärts, das Stadtviertel Gardens. Am Fuße der Seitenstraße, wenn du dem abknickenden Straßenverlauf folgst, erreichst du die Kloof Street: Die Ausgehstraße Kapstadts und die Verlängerung der Long Street, der bekanntesten „Partymeile" der Stadt. Auch, wenn der Weg sehr kurz ist, nehme ich meistens aus Sicherheitsgründen ein Taxi, bzw. Uber. Die Seitenstraße ist dunkel und für gewöhnlich behalte ich meine Wertsachen, so wenige ich auch mitgenommen habe, sehr gerne. Es heißt zwar „Sharing is caring", das gilt für mich aber nicht mehr, sobald das „sharing" proaktiv von einem Fremden eingefordert wird. Da „care" ich doch lieber nur

für mich. Mir ist übrigens nie etwas in Kapstadt passiert –
abgesehen von einem aus der Tasche gestohlenen
Smartphone. Und letzten Endes waren das 300 sehr gut
investierte Euro. Denn ab diesem Zeitpunkt relativ zu
Beginn meines Aufenthaltes, war ich einfach kaum noch
zu erreichen. Whatsapp konnte mich genau so wenig
ablenken wie Instagram. Wenn ich mit jemandem ins
Gespräch gekommen bin, konnte ich nicht zwischendurch
etwas nachschauen. Und auch deshalb war es ab diesem
Zeitpunkt eine besonders entspannte Reise. Das
Smartphone zuhause zu lassen, nehme ich mir immer
wieder vor. Aber schaffen tue ich es dann doch nicht.
Digital Detox muss man können.

Kloof Street

Im „Once" Hostel auf der Kloof Street findest du „Your's Truly": Eine ziemlich hippe und stark begrünte Bar, wo sich Menschen aller Altersgruppen, Herkünfte, Religionen und Hautfarbe treffen. Hier bleibt niemand lange allein, setz dich einfach an einen der Tische und fang an zu plaudern. Hier kriegst du einen ersten Eindruck davon, wie hipp die Stadt sein kann, wie sehr sie Hipster aus aller Welt anzieht. Sportler, Musiker, Schauspieler und Leute mit konventionellen Berufen sitzen hier zusammen, genießen Wein und Pizza und kommen ins Gespräch. Hier habe ich schon Leute kennen gelernt, die gerade angekommen sind von einer Fahrradtour von Malaga in Spanien nach Kapstadt. Viele 1000 Kilometer gesäumt von Wüsten, Steppen und Nationalparks. Eine unglaubliche Reise. Spannende Geschichten haben die Radfahrer mitgebracht und jede Menge Lust, das Erreichen des Ziels und den Abend mit einer großen Fülle kalter Getränke zu begießen. Ebenfalls prägend für mich war eine Unterhaltung zwischen zwei muslimischen Cousins. Er, ca. 30 Jahre alt, Vollbart, Hipster mit entsprechender Brille, braun gebrannt, war streng gläubig. Daraus leitete er ab, keinen Verkehr vor der Ehe haben zu wollen und auch sonst im Einklang mit seinem Glauben zu leben. Kein Alkohol, regelmäßige Gebete usw. bestimmen seinen Alltag. Sie hingegen, spärlich bekleidet, war weniger streng in ihrem Glauben. Keine Ehe vor dem Verkehr zu haben und möglichst jedes Getränk der Karte mal probiert haben zu müssen, waren folgerichtig die ihre Verhaltens- und Denkmuster bestimmenden Merkmale. Eine spannende Diskussion, vielleicht sogar ein Streit, auf Augenhöhe und mit gegenseitigem, tiefem Respekt für die Sichtweise des jeweils anderen. Gelebt wurde also das, was Glauben und Religion sein sollten: Etwas höchst Persönliches, was einem selbst Hilft und bereichernd wirkt, nur das eigene Leben tangiert und die Glaubensfragen eines anderen, auch eines Familienangehörigen, nicht in Frage stellt. Etwas, was ich aus Deutschland nicht kenne. Da ich keine fundamentalistischen Ansätze in Kapstadt habe beobachten können, hat dieses Erlebnis meinen Eindruck der Stadt geprägt. Für mich ist sie ein Melting Pot aller Farben, Religionen, Geschlechter und Sexualitäten. Ein Ort, wo man jedem auf Augenhöhe und vorurteilsfrei begegnet. Natürlich musst du nur ein paar Kilometer stadtauswärts fahren, um ganz andere Zustände zu erleben. Aber man kann das auch einfach sein lassen und sich von der friedlichen Stimmung anstecken lassen. Trotz dieser einladenden Diskussion ist es bei dem Teilen von Getränken mit der schönen, unbekannten Muslima aus Kapstadt geblieben. Das Your's Truly verfügt über eine zweite Terrasse im Obergeschoss. Hier wird regelmäßig Livemusik gespielt. Auch DJs legen auf und so kann es passieren, dass man unvermittelt in einer Party unter sengender Sonne endet. Aber hey, es ist Urlaub. Was ist daran so schlimm? Ich mag das Spontane sehr gerne und bin spontan.

An die Tage und Abende bei Yours Truly erinnere ich mich gerne. Zu viele schöne und spannende Moment haben dort ihren Ausgangspunkt und der Anteil der lokalen Bevölkerung ist relativ hoch. Das ist mir wichtig, denn ich möchte ja nicht nur Leute aus aller Welt kennen lernen, sondern verstehen, wie die Menschen vor Ort ticken, was sie denken und fühlen. Einzig schade sind die Öffnungszeiten, denn aus Gründen des Lärmschutzes schließt die Terrasse um 22 Uhr.

Ein Traum wäre es natürlich, ein vergleichbares Geschäftsmodell in Deutschland umzusetzen. Eine hippe Bar mit zeitgemäßer Getränke- und Speisekarte. Optisch abweichend von dem, was man aus den großen Ketten kennt. Viele Pflanzen und Licht, entspannte Beats und vielleicht auch in Anlehnung an „Yours Truly" ein wenig afrikanische Kunst. Überhaupt werden die afrikanischen Designer auch im Westen immer beliebter und gefragter und stehen zeitgleich für das Wirtschaftswachstum, das dieser Kontinent gerade erlebt. Eine immer breitere Mittelschicht verfügt über ein Einkommen, das auch schöne und neue Kleidung in den Bereich des Möglichen kommen lässt. Diese Designer in kleineren Boutiquen in das Konzept zu integrieren, wäre natürlich ideal. Und würde es mir ermöglichen, regelmäßige Reisen nach Afrika zu unternehmen, um die neuesten Trends aufzuspüren. Nachhaltigkeit ist so einer. Im Sommer 2018 haben wir selbst in Deutschland erfahren, welche Auswirkungen eine Dürre auf die Erträge der Landwirte hat. Die Nutzung von regenerativen Energien wie Sonne oder Wind kann nur die logische Konsequenz für uns sein – ebenso wie der Umstieg vom Verbrennungsmotor auf den Brennstoffzellenantrieb. Wäre ein solches Geschäftsmodell auch noch Klimaneutral, wäre es vermutlich schnell ziemlich beliebt und angesagt. Und würde man dann auch noch die Anbindung an ein Hostel haben, zum Beispiel in internationalen, dicht besiedelten Städten wie Köln oder Bonn, vielleicht in der Nähe zum Rhein, ... Oder um es mit den Worten von Lothar Matthäus zu sagen: „Wäre wäre Fahrradkette"

Your's Truly: Same time tomorrow! See more @ http://yourstrulycafe.co.za/ Dieses Bild ist übrigens nicht von mir. Ich hoffe, Yours Truly sieht es mir nach – zumal die Bewertung ausgesprochen positiv ist.

Weitere Cafés, Bars und Restaurants auf der Kloof Street sind:

- Asoka: Leckere Cocktails, etwas eng, nette, kontaktfreudige Menschen aus Südafrika und der ganzen Welt. Coole Beats. Mehr als empfehlenswert.

- Chalk & Cork: Leckeres Restaurant mit kleinem, umzäuntem Garten. Ideal, um ein wenig durchzuatmen.

- Arnold's: Finden alle lecker. Ich habe nie verstanden, wieso. Wer Essen schlechter Qualität in unpersönlicher Atmosphäre möchte, hat hier seinen Lieblingsladen gefunden.

- Kloof Street House: Exzellente Küche in extravagantem, ausgefallenem Ambiente. Reservierung fast immer notwendig.

- Bombay Bycicle Club: Lange die Kloof Street bergauf laufen. Irgendwann kommt es auf der rechten Seite. Kreativ gestaltet. Einen Drink auf jeden Fall wert.

Greenpoint

Der Stadtteil Greenpoint ist besonders bekannt durch das Fußballstadion. Wenn du miterleben möchtest, wie die Menschen mit ihrem Team mitfiebern, schau nach, ob es ein Rugby Spiel während der Zeit deines Aufenthaltes gibt.

Die angrenzenden Stadtteile Sea Point und noch dahinter Camps Bay sind besonders bekannt für Strände und Villen. Wer jedoch einen Strandtag einlegen möchte, fährt nach Clifton. Die nummerierten Strände Clifton 1-4 liegen windgeschützt in einer Bucht und sind Erholungsort für die arbeitende Bevölkerung wie für Touristen gleichermaßen. Aber Achtung: Der Konsum von Alkohol am Strand ist verboten. Denk dran, deine Kippen aufzuheben und gib dem Vermieter von Sonnenschirmen ruhig mal 10 Rand Trinkgeld. Und nimm einen Sonnenschirm. Die Sonne brennt ungemein. Abkühlen im Wasser? Vergiss es. Der Atlantik ist zu kalt. Mir zumindest.

Strände

Fast vergessen hätte ich die andere Seite der Bucht mit dem Stadtteil Table View und dem 15km langen Blaauwberg-Strand. Der Strand, der sich an der Küstenstraße mit einer Vielzahl von Parkbuchten erstreckt, ist einer der weltweit beliebtesten Spots für Kitesurfer – mit Blick auf den Tafelberg und die Stadt. Robben Island, die Gefängnisinsel, die einst Nelson Mandela nur wenig freiwillig bis zu seiner Freilassung bewohnte, liegt 6,9km entfernt. Seewärts. Schwimmen war für ihn und weitere Mitgefangene wegen der Strömungsverhältnisse und der nicht kleinen Population von großen, weißen Haien, übrigens keine Option. Ausharren und Warten war leider die Devise. Dass man trotz Vorbestrafung in Südafrika Präsident werden kann, hat mein Verhältnis zu dem Land zumindest in diesem Fall nicht negativ beeinflusst. Donald Trump hingegen, der meines Wissens nicht vorbestraft ist, würde man nichts sehnlicher wünschen, als eine beträchtliche Zeit auf einer Gefängnisinsel. Und so ist es doch bezeichnend, dass es mit Nelson Mandela einen Präsidenten in Südafrika gab, der wegen seiner Überzeugungen im Gefängnis war, während im Weißen Haus ein unbestrafter Verbrecher sitzt.

Der Blaauwbergstrand eignet sich nur schlecht für einen gemütlichen Strandspaziergang. Ich habe ihn noch nie bei absoluter Windstille besucht und wurde daher jedes Mal auf natürlich Weise sandgestrahlt. Dennoch sind mir einige gute Fotos von den Surf-Enthusiasten gelungen, womit ich mein Ziel erreicht habe. Die Stadtteile, die sich am Strand entlang erstrecken, sind hauptsächlich Wohngebiete. Damit gibt es wenig, was in den Bereich des Sightseeings fallen könnte. Dennoch kehre ich immer wieder dorthin zurück und bestaune die Kite-Surfer, ihr Können und ihre mehrere Meter hohen Sprünge aus dem Wasser, wenn der Wind in den Drachen bläst. Manchmal dauert es viele Sekunden, bis sie wieder auf der Wasseroberfläche aufkommen und beschleunigen, um sich wieder durch die Luft tragen zu lassen. Ich würde die Sportart gerne einmal ausprobieren, aber das Meer ringt mir zu viel Respekt ab. Was sich unter der Wasseroberfläche befindet, ob Pflanzen oder Tiere, ist für den Schwimmer unsichtbar. Für mich resultiert das in lebhafter Fantasie über Haie und Strömungen und strahlt eine irrationale Gefahr aus. Da bin ich froh, nicht besonders gut Schwimmen zu können und das Meer allein aus diesem Grund schon zu meiden.

Du willst einen Strand, der richtig fancy ist? Nimm dir ein Taxi oder Uber nach Llandudno. Llandudno ist eine Bucht mit hohen Wellen, weißen Sand, vielen Surfern und Felsformationen, die auch für Modeshootings internationaler Topdesigner genutzt wird. Leonardo Di Caprio, Candice Swanepoel oder Gisele Bündchen stehen auf einmal neben dir? Bevor du sie ansprichst stell dir kurz die Frage, ob die wirklich da sind, um von dir angequatscht zu werden oder dich gar kennen lernen möchten. Vermutlich nicht. Also guck nicht weiter hin und lass auch diesen Menschen ihr Leben.

Es ist offenbar wirklich so, dass viele internationale Schauspieler, Musiker und Promis Kapstadt zu einem ihrer Lieblingsorte erkoren haben. Diese Menschen nicht durch ständige Autogrammanfragen in der Freiheit ihrer Freizeitplanung zu beschneiden und einfach mal in Ruhe leben zu lassen, mag auch ein Faktor sein, der neben den herausragenden Kulissen der Stadt die Wahl des Lieblingsortes beeinflusst hat.

Berühmtheiten habe ich dort bislang aber nicht gesehen. Gut möglich, dass ich einfach nur die Leute nicht kannte oder erkannt habe. Llandudno ist etwas schlechter zu erreichen als die Clifton-Strände oder Camps Bay. Wenn die Anfahrt auch etwas länger dauert, so wird man entschädigt durch einen der schönsten Strände der Stadt.

In Summe fahre ich selten an die Strände, obwohl es super Orte sind, um die Seele baumeln zu lassen und mich etwas zu erholen. Auch auf dem Tafelberg war ich nur ein mal. Es ist natürlich eine atemberaubende Aussicht von da oben, aber der Aufstieg ist mir zu beschwerlich und deswegen habe ich das Cable-Car, die Seilbahn, genommen. Was den Aufstieg anbelangt, habe ich mir sagen lassen, dass Lion's Head deutlich schöner ist, weil man kreisförmig um den Berg hinaufwandert und deswegen über die Zeit hinweg ein 360-Grad-Panorama einfangen kann. Die Argumentation konnte ich nachvollziehen und folgerichtig habe ich den Aufstieg auf den Tafelberg von meiner bucket list gestrichen. Können andere machen.

Surfer vor der Kulisse des Tafelbergs

Tafelberg

Der Table Mountain besteht aus einer ca. 450 Millionen alten Gesteinsformation, vor allem aus quarzitischem Tafelbergsandstein und liegt im Westen Kapstadts. Das Massiv, das gut 1000 Meter hoch ist und auch den niedrigeren Lion's Head, den Signal Hill, Devil's Peak und die 12 Apostel umfasst, bildet auch die Formation der Kap Halbinsel bis zum Atlantik. Bei gutem Wetter ist sogar der 70km entfernte West Coast National Park sichtbar. Die über Millionen von Jahren geschehenen Erosionsvorgänge und damit einhergehenden Schichtwechsel durch eingedrungenes Wasser, werden beim Befahren des Chapman's Peak Drive sichtbar. Allerdings frage ich mich, wer sich vor dem Hintergrund dieser Kulisse, die regelmäßig in verschiedenen Werbespots zu sehen ist, wirklich auf die Diskordanz zwischen Granit-Basement und den überlagernden Sedimentschichten, konzentriert.

Dass ich kein Freund von viel zu anstrengenden Wanderungen unter sengender Sonne bin, ist jetzt hinlänglich bekannt. Wer das anders sieht, kann einen der unzähligen Hiking Trails auf den Tafelberg nehmen. Ich habe mir sagen lassen, dass einer der schönsten Wanderwege hoch auf den Tafelberg im Kirtenbosch Botanical Garden beginnt. Dass Sonnenschutz, am besten auch ein Hut und jede Menge Wasser für den Aufstieg unerlässlich sind, brauche ich nicht weiter zu erwähnen.

Die Kontrolle des Wetterberichtes empfiehlt sich ebenso, denn wer für den Abstieg die Seilbahn nehmen möchte, sollte sicherstellen, dass das Wetter die Nutzung der Seilbahn auch ermöglicht. Das Ticket für den Abstieg kann auf dem Tafelberg erworben werden. Wer für Auf- und Abstieg ein Ticket für die Seilbahn kaufen möchte, kauft es am besten in der deutschen Buchhandlung. Öffnungszeiten und Anfahrt findest du unter

https://buchhandlungnaumann.buchkatalog.de/

Wer kein Ticket vorab kauft, läuft Gefahr, sich in einer langen Warteschlange einreihen zu müssen. Das Gelände bietet keinen Sonnenschutz und die Wartezeit kann bei gutem Wetter deutlich über einer Stunde liegen.

Einmal oben angekommen, welcher Aufstieg es auch immer geworden ist, bietet der Tafelberg eine gelungene Kulisse auch für YouTuber, Naturfreunde und Instagrammer.

Blick auf den Tafelberg. Dieses Mal mit Tischtuch „Table Cloth". Der Gipfel hat genau jene Höhe, bei der Wolken entstehen. Sobald die mit Feuchtigkeit gefüllte Luft hinter dem Gipfel abfällt uns sich wieder aufwärmt, lösen sich die Wolken wieder auf. Es entsteht der Eindruck, als sei die dichte Wolkenschicht wie von Geisterhand auf den Tafelberg gezaubert worden.

Und nicht nur für die: Auch Freunde der Pflanzenwelt kommen voll auf ihre Kosten. Allein auf dem Tafelberg sind über 1400 verschiedene Pflanzenarten identifiziert. Das sind mehr, als in ganz Großbritannien vorkommen. Allein die Erika-Gewächse und Proteen gehen in die Hunderte. Die Königs-Protea, die Nationalblume Südafrikas, ist eine von ihnen.

Zur Fauna gehören Klippschliefer und Krähen. Letztere ernähren sich hauptsächlich von dem, was der Mensch in der Hand hält. Für mich als jemand mit einer Vogelphobie (es wird langsam besser) immer noch eine Herausforderung, obwohl ich niemals Essen in der Hand halten würde.

Lion's Head

Der Aufstieg dauert ca. 1 – 2 Stunden, je nach individuellem Tempo. Lion's Head und Signal Hill bilden zusammen die Silhouette eines liegenden Löwen. Schön zu sehen ist die Formation aus Tafelberg, Lion's Head und Signal Hill, dem emporragenden Gesäß des wachsamen Löwen. Die Formation ist bereits auf dem Weg vom Flughafen in Stadt zu erkennen und ruft bei meiner Ankunft in Kapstadt immer das „Endlich-bin-ich-da-Gefühl" hervor. Dass es mit Kapstadt nicht nur mir so geht, erlebe ich auch in der Familie. Meine Familie war immer reisefreudig und abgesehen von Zielen in Europa ist die Wahl auf immer andere Länder gefallen. Bis 2014, als wir Dank des Einrichtungsmagazins nach Kapstadt aufgebrochen sind. Seit dieser Reise fliegt auch meine Familie immer wieder dorthin, erkundet neue Orte und Gegenden und setzt sich immer weiter mit dem Land auseinander. Die Empfehlungslisten, die wir uns gegenseitig zuschieben, werden damit immer länger. Vermutlich 2020 werden wir es wieder schaffen, zusammen nach Kapstadt zu fliegen und auch zu einer

Rundreise aufzubrechen. Das gibt uns endlich die Möglichkeit, uns gegenseitig die persönlichen Favoriten zu zeigen und zusammen neue Gegenden zu erkunden. Überhaupt kehren die meisten Menschen, die einmal dort waren, immer wieder an den Ort zurück. Ein wenig also wie die Mauersegler, die ebenfalls immer wieder nach Afrika aufbrechen. Es gibt viele Dinge, die wir von den Tieren lernen können. Aber immer wieder nach Afrika aufzubrechen ist definitiv das Beste, was der Tierwelt eingefallen ist. Aber zurück zum Lion's Head, dem Rand der bis zum Kap der guten Hoffnung reichenden Gesteinsformation:

Auch hier gilt: Früh morgens starten, im eigenen Tempo aufsteigen und die Aussicht genießen. Immer wichtig ist es, ausreichend Wasser mitzunehmen. Ca. 3l pro Person sollten ausreichen. Auch die Mitnahme eines Snacks für den Fall von Unterzuckerung ist ratsam. Wenn der steile Anstieg, nennen wir es den Kopf des Löwen, vorbei ist und etwas abflacht, läufst du über das Nasenbein bis hoch hinauf auf den Kopf des Löwen. Eine kleine, natürliche Plattform lädt ein, den Blick in alle Richtungen schweifen zu lassen. Insbesondere die Strände Camps Bay und Clifton sind erkennbar, die V&A Waterfront, der komplette City Bowl (Innenstadt), die Bucht vor Kapstadt und der Tafelberg, hinter dessen Ausläufern sich der Kirstenbosch Botanical Garden verbirgt. Der gesamte Bereich ist Teil des Table Mountain National Park.

Einer der Hotspots für Hobbyfotographen und Instagrammer ist dieser Felsvorsprung. Mit Sicherheit eines der Bekanntesten Motive Kapstadts; vermittelt es doch die Illusion, dahinter warte ein Abgrund von über 600 Metern. Der Höhe des Lion's Head.

Eines der schönsten Erlebnisse für mich auf dem Lion's Head war ein Aufstieg mit einer Gruppe am Valentinstag 2016. Unter dem Motto „Share the Love" haben wir Frühstück für ca. 200 Leute auf des Löwen Haupt geschleppt. Mein Rucksack wog knapp 30kg und damit fast halb soviel wie ich. Nach dem Aufstieg mit Literweise Obstsalat und Kaffee im Gepäck, war ich fix und fertig. Die Muskeln taten weh, ich habe gezittert und war stolz, die letzte Kletteretappe eigentlich nur wegen ungebrochener Willensstärke gemeistert zu haben. Ein Freund, Henry, hat sich einen Tisch auf den Rücken gebunden und jemand anders hatte Pfannkuchenteig und einen Gaskocher in seinem Rucksack. Da wir bereits bei Sonnenaufgang den beschwerlichen Aufstieg begonnen haben, waren wir fast die ersten auf dem Gipfel und konnten die ankommenden Pärchen zum Frühstück einladen. Den Beziehungsstatus haben wir allerdings nicht überprüft. Eine, wie ich finde, sehr schöne Idee, die viele Menschen enorm gefreut hat und uns alle mit einem guten Gefühl zurückgelassen hat. Share the Love, vielleicht etwas, was überaupt im Leben einen größeren Stellenwert einnehmen sollte.

Signal Hill

Der Signal Hill ist der einzige der 3 genannten Berge, der auch mit dem Auto komplett befahren werden kann. Am schönsten ist der Signal Hill zum Sonnenuntergang. Einheimische und Menschen aus aller Welt genießen bei gutem Wetter abends den „Sundowner", einen Cocktail, und erfreuen sich des schönen Blickes.

Wer es etwas actionreicher mag, kann einen Tandem-Paragliding-Flug buchen. Allerdings bedarf es oft einigen Vorlaufes und eine Garantie kann nicht ausgesprochen werden. Schlechtes Wetter wie Windböen können den geplanten Start immer wieder hinauszögern oder sogar ganz unmöglich machen. Ob man dieses mögliche hin und her im Urlaub über sich ergehen lassen möchte, muss jeder selbst wissen. Aber mal ehrlich: Wie können einem die drei Gipfel nicht ausreichen?

Du kannst auch andere Getränke mitnehmen. Aber authentisch ist es: Sundowner auf dem Signal Hill.

Tipp

Niemals viel Bargeld mitnehmen.
Leg die eine (echte) Kreditkarte z.B.
in die Socken oder sonst wohin.
Eine abgelaufene Karte eignet sich
bestens, um sie bei einem Überfall
herauszugeben.

Aber keine Angst: Passiert meistens
nur nachts und wenn man sich
abseits der vielbelaufenen Wege
befindet.

Wie kann der Abend denn nun weitergehen? Lass dich doch einfach noch mal bei den Restaurants und Bars inspirieren. Leckeres Fleisch gibt es zum Beispiel auch bei Nelson's Eye.

https://www.nelsons-eye.co.za/

Wie es zu dem Namen kommt, weiß man nicht so genau. Mit Gewissheit kann man sagen: Es ist nicht der Nelson persönlich, dem der Laden gehört. Der Gründer ist vor geraumer Zeit in den Cholesterinhimmel aufgestiegen und als man bei Verwandten und Nachfahren nachgefragt hat, woher der Name komme, wurden die Mitarbeiter aufgefordert, einfach abzuhauen. Macht aber auch nichts, denn lecker ist es trotzdem und im Gegensatz zur Herkunft des Namens gibt man auf Nachfrage bereitwillig Auskunft zur Herkunft des Fleisches.

Weitere Möglichkeiten, einen gelungenen und teils sportlichen Tag ausklingen zu lassen, bietet die Longstreet mit ihren zahlreichen Clubs. Hier mögliche Ausgehtipps zu geben, ist kaum möglich. Einfach hingehen, keine Wertsachen offen tragen (lass auch die Uhr zuhause. Im Urlaub können die anderen die Uhren tragen, solange du die Zeit hast!) und das Leben genießen.

Zum Kap der guten Hoffnung

Ideal für einen Tagesausflug voller Impressionen und unvergesslicher Erlebnisse ist die Fahrt zum Kap der guten Hoffnung. Auch hier empfiehlt es sich, nicht zu spät zu starten, denn es gibt auf dem Weg eine Menge zu erkunden.

Vorbei am botanischen Garten und durch eine kleine Bergkette geht es zunächst Richtung Muizenberg. Wer Kapstadt in der Bildersuche eingibt, wird unweigerlich auf die bunten Strandhäuschen stoßen. Es ist nicht so idyllisch, wie die Bilder bei Google das zeitweise vermuten lassen. Am Strand herrscht reges Treiben und direkt dahinter verläuft eine Bahnlinie zwischen der bunten Farbenpracht der Strandhäuschen und einer Hauptverkehrsstraße. In letzter Zeit habe ich immer mal wieder Modemagazine durchgeblättert und bin dabei regelmäßig auf Bilder gestoßen, die genau hier entstanden sein müssen. Die Bilder, die ich dort gemacht habe, sind bei Weitem nicht so gut wie jene, die die Modeindustrie in Muizenberg realisiert hat.

Für ein Foto anzuhalten kann sich dennoch lohnen, denn trotz des geschäftigen Treibens ist es einer der Must-See-Punkte der Umgebung. Übrigens, dieser Teil der Küste heißt False Bay. Der Grund ist ganz einfach: Weil Kapstadt von der See aus bereits deutlich zu sehen ist, haben viele Schiffer die Bucht angesteuert. Es ist nur leider die falsche Bucht, mithin die False Bay. Eine Bucht weiter wäre richtig gewesen. Für den heutigen Tagestrip allerdings ist die False Bay die Right Bay und damit haben wir uns auf die heutige Rundreise eingestimmt. Alles, was ab jetzt kommt, toppt das vorangegangene um Längen. Zumindest ist das mein Eindruck, denn Schwimmen mit Pinguinen und das Kap der guten Hoffnung sind Erlebnisse von majestätischer Schönheit. Nur ein paar Kilometer weiter entlang der Hauptstraße kommt ein Schild, dass man in Afrika nicht verorten würde. Und es ist kein alberner Spaß der Anwohner, die Verkehrsberuhigung voranzutreiben.

CAUTION! PENGUINS NEXT 5 KM

Ein Foto des Schildes hier einzufügen, würde die Freude verderben. Gut. Ich muss zugeben, dass ich einfach keins gemacht habe, weil ich meistens der Fahrer bin.

Die weitere Vorgehensweise: Kurz nach dem Schild in Richtung Strand abbiegen (ist ausgeschildert: Boulders Beach) und nicht vergessen, dem Parkplatzwächter ein paar Rand als Dank für das Aufpassen zu geben. Es macht Sinn, Badesachen mitzunehmen und den überschaubaren Eintrittspreis zu entrichten. Wertsachen sollten nirgendwo offen im Auto liegengelassen werden, die Kamera ist aus anderen Gründen zwingend mitzuführen: Geh zum Strand und beobachte, wie die Pinguine im flachen Wasser schwimmen und spielen. Wer nicht schnell fröstelt, kann auch direkt ins kalte Nass springen. Wer den flugunfähigen, aber äußerst schwimmfähigen Vögeln näherkommen möchte, läuft am Strand entlang bis zu der den Strand abschließenden Felsformation. Hier zu klettern, zu waten oder zu krabbeln, lohnt sich: Hinter den Felsformationen warten weitere kleine Buchten mit zahlreichen, in freier Wildbahn lebenden Kap-Pinguinen. Und du bist mitten drin. Vorsicht ist nur geboten, wenn man ihnen zu nah kommt. Von den Schnäbeln möchte man einfach nicht gebissen werden.

Nicht für ihre Reinlichkeit mit der Umgebung und dem eigenen Lebensraum bekannt, ist der Strand der Pinguine leider auch ziemlich dreckig. Ausnahmsweise mal kein menschengemachter Dreck. Immerhin etwas. Dennoch ist es kaum möglich, einen Fleck zu finden, wo man sein Handtuch ausbreiten kann. Und dennoch. Diesen Strand nicht zu besuchen, wäre eine Sünde.

Zu den Pinguinen zieht es mich trotz meiner Vogelphobie immer wieder. Vielleicht liegt es daran, dass sie für mich exotisch sind und mir vor Augen führen, wie weit ich weg bin und wie anders die Tierwelt hier an einem der südlichsten Punkte Afrikas ist. Vielleicht liegt es aber auch daran, dass Pinguine wegen ihres starken Familiensinns und der Loyalität innerhalb der Partnerschaft besonders sympathisch in Dokumentationen dargestellt werden.

Auf halbem Weg zum Kap der guten Hoffnung: Eulen des Meeres.

Da gibt's noch mehr von denen: Boulders Beach.

Die Buchten um Boulders herum, dessen Namensgebung von den Granitfelsen kommt, die der Verwitterung durch das Meer besser standgehalten haben als der Tafelbergsandstein, bieten einen hervorragenden Brutplatz. Fangquoten und windgeschützte Büsche zogen 1983 das erste Pinguinpärchen an. Immer mehr Paare und Familien kamen hinzu, sodass jetzt über 2500 Pinguine den Boulders Beach für sich nutzen und zum Lebensmittelpunkt gemacht haben. Die auch als Jackass bezeichneten Frackträger sind hauptsächlich nachtaktiv, sodass sich immer mehr Anwohner durch den Lärm belästigt fühlen. Da die Pinguine auf der Liste der bedrohten Arten stehen, macht die Regierung das einzig Richtige und überlegt, die Menschen einfach umzusiedeln. Den Namen „Eulen des Meeres", den die Pinguine ebenfalls tragen, verdienen sie: Sie sehen unter Wasser nachts genauso gut wie bei Tageslicht. Beim Schwimmen steuern sie mit den Beinen; der Vortrieb resultiert aus der Flügelbewegung. Viele Menschen habe ich gesehen, die nicht mehr aufgehört haben zu Strahlen und zu Lächeln, weil sie so ergriffen sind von der Schönheit dieses Ortes. Man fühlt sich, als sei man Eins mit der Natur, als teile man mit den Pinguinen diesen Strand. Und auch ich bin immer wieder ergriffen, direkt neben so zahmen Tieren, die 2-4kg Körpergewicht erreichen, mein Handtuch auszubreiten und sie zu beobachten. Gerade weil es für mich ein so besonderer Ort ist, ist es schwierig, mich loszueisen, um den Weg des heutigen Ausflugs fortzusetzen. Aber ich habe noch einiges vor und beschließe kurzerhand, bald wiederzukommen und mache mich wieder auf den Weg.

Weiter geht's zum Cape of the Good Hope National Park, dem Nationalpark, der auch das Kap der guten Hoffnung beherbergt. Ich hoffe, du hast deine Jacke mitgenommen, denn auch im Sommer ist das Wetter hier sehr wechselhaft und unbeständig. Temperaturunterschiede von bis zu 20 Grad Celsius innerhalb von Minuten sind keine Seltenheit. Genauso verhält es sich mit Regen, Nebel und schönstem Sonnenschein. Wer die Augen offen hält, kann am Straßenrand Schildkröten, Springböcke, Antilopen und Strauße sehen. Ebenso Schlangen und anderes Getier. Aussteigen ist aber kein Problem. Geparden und Löwen gibt es woanders, insbesondere im nordöstlichen Teil des Landes. Sollte jedoch irgendwo - unabhängig ob im Nationalpark oder am Rand einer normalen Straße- ein Rudel Paviane auftauchen, sollte das Auto stets verriegelt und die Fenster geschlossen werden.

Tipp

Paviane (Baboons) sind nicht doof. Ist das Auto nicht verriegelt und die Stulle duftet, wirst du schnell Zeuge davon, wie eine Horde Paviane dir den Wagen zerlegt. Einfach abschließen und durch einen kleinen Schlitz die Fotos machen. Problem gelöst. Ach ja: Bleib im Auto!

Das Kap der guten Hoffnung ist entgegen vieler Behauptungen nicht der südlichste Punkt Afrikas, sondern der südöstlichste Punkt Afrikas. Damit treffen hier auch nicht direkt der Indische Ozean und der Pazifik aufeinander. Das passiert ein paar hundert Kilometer östlich, am Cape Agulhas. Dennoch sind die Kräfte der beiden aufeinandertreffenden nassen Giganten auch hier deutlich spürbar. Wechselhaftes Wetter, hohe Wellen und die schroffe See zeugen von der Gewalt, die das Meer mitbringt. Es müssen unzählige Schiffe bei dem Versuch, das Kap der guten Hoffnung zu umfahren, bereits gesunken sein. Und wenn ich dort stehe -egal ob am Leuchtturm oder am Cape Point- bekomme ich eine Ahnung, wie unbeherrschbar dieser Abschnitt für Seefahrer sein muss.

Für viele Seefahrer das schlechte Ende: Kap.

Frisst auch die Snacks aus deinem Auto: Baboon

Das Kap der guten Hoffnung lädt stark dazu ein, einfach mal die Dinge auf sich einwirken zu lassen und in sich zu kehren.

Die steile Felsformation an der Küste setzt sich unter Wasser übrigens ziemlich weit fort. Bei Niedrigwasser sind zahlreiche aus dem Wasser ragende Felsspitzen zu sehen. Bei höherem Wasserstand sind sie zwar nicht mehr auszumachen, aber nur wenige cm unter der Wasseroberfläche. Zahlreiche Wracks, die vor dem Kap der guten Hoffnung liegen, wurden offenbar von Kapitänen gesteuert, die diese Gefahr unterschätzt haben. Der erste Europäer, der das Kap gesehen und erfolgreich umrundet hat, war der Portugiese Bartolomeu Dias. Auf dem Weg zurück (zurück wohin auch immer) fand er weiter nördlich sein Versorgungsschiff in der Walfischbucht. Es lebten aber nur noch wenige Männer seiner Besatzung. Zunächst von großer Bedeutung für die Seefahrt, büßte das Kap diese durch den Bau des Suez Kanals und die Entfernungsersparnis wieder ein. Ich glaube, die Walfischbucht liegt in Namibia. Zumindest bin ich in Namibia mal in Walvis Bay gelandet und gehe einfach davon aus, dass es sich damit um die Walfischbucht handelt.

Der Rückweg vom Kap der guten Hoffnung führt mich immer über den Chapman's Peak Drive. Dienen die Strände als Kulisse für Modeshootings und Modewerbung, ist der Chapman's Peak Drive Kulisse für Autowerbung jeder Art. Er ist eine der schönsten Küstenstraßen, die es gibt.

Chapman's Peak Drive

Der Chapman's Peak Drive, leider habe ich kein gelungenes Foto gefunden, war zuletzt u. A. für eine Autovermietung der Drehort für eine auch in Deutschland ausgestrahlte Werbung. Die zahlreichen Parkbuchten laden zum Anhalten und Fotografieren ein. Obacht (wenn Obacht da noch ausreicht) ist an den steilen Abschnitten durchaus geboten.

Gefühlt nehme ich mir für diese Straße immer viel zu wenig Zeit. Jedes Mal denke ich, dass es doch schön sein muss, mal zu verweilen und auszusteigen. Auf meiner to-do-Liste steht schon seit langem, dass ich meine Drohne dort steigen lassen möchte, um Fotos und Videos von der Seeseite aus zu machen. Und dennoch fahre ich meistens einfach nur dort entlang und ärgere mich hinterher. Wenn ich das nächste Mal dort bin, das nehme ich mir jetzt vor, steige ich aus. Mit Kamera. Mit Drohne.

Vielleicht gibst du kurz „Chapman's Peak Drive" in die Google-Bildersuche ein. Denn diese Küstenstraße, für die eine überschaubare Maut entrichtet werden muss, begeistert mich immer wieder mit ihrer Farbpracht – sowohl auf der See-, als auch auf der Landseite.

Der weitere Weg zurück in die Stadt führt mich übrigens an Llandudno und über einen kleinen Kamm am Lion's Head vorbei. Von dort gibt es noch mal einen tollen Ausblick auf Kapstadt, bevor es zum Frischmachen ins B&B geht. Bevor ich dort ankomme, begegnen mir regelmäßig viele Bekannte. Die deutsche Buchhandlung auf der Kloof Nek Road, aber auch das Beleza am Fuße der Straße. Ron und Albina kann ich häufig zuwinken und zurufen, dass ich später zum Essen komme, wenn ich an der Ampel stehe und auf grün warte. Es ist wie zuhause. Es gibt Freunde und eine vertraute Umgebung. Es ist wie die Komfortzone, aus der ich häufiger ausbrechen sollte. Das zumindest vermitteln Coaches und Berater. Aber man lebt nur einmal und wenn es gerade diese Komfortzone ist, die es zum Glücklichsein braucht, wieso sollte ich dann ausbrechen?

Beim ersten Lektorat des Textes ziehe ich Vergleiche mit anderen, fremden Texten. Manche Menschen neigen zu einer Wortgewandtheit bzw. einer so wortgewaltigen und lebhaften Sprache, dass ich etwas neidisch werde. Ich hoffe, dass es auch mir gelingt, die Faszination, die das Land auf mich ausübt, begreifbar zu machen. Und auch, dass dieser Funke überspringt.

Bei diesen Zeilen erst fällt mir auf, dass ich meistens die Orte außerhalb der Innenstadt besuche. Die Weingüter und Strände, das Kap der guten Hoffnung und die Nationalparks. Offenbar finde ich die angenehmen Landschaften für Tagesausflüge doch spannender, als das pulsierende Leben der Innenstadt, welches ich besonders hinsichtlich des Nachtlebens zu schätzen weiß. Und das ist schade, denn gerade der Bereich des Stadtzentrums hat auch eine Menge sehenswerte und die Geschichte prägende oder erzählende Plätze, Gärten und Viertel. Einzig das Mozart on Church und die Waterfront steuere ich in großer Regelmäßigkeit an. Ich werde das in Zukunft weiter hinterfragen müssen und mir gezielt verschiedene Dinge im Zentrum raussuchen, die ich erkunden möchte. Vielleicht ergibt sich daraus irgendwann ein zweiter Band?

Doch noch gefunden: Gelungenes Foto.

Greenmarket Square & Gärten der Kompanie

Der Green Market Square und die Gärten der Kompanie können einfach zu Fuß von der Longstreet aus erkundet werden.

Die Gärten der Kompanie wurden im 17. Jahrhundert von der niederländischen Ostindien-Kompanie (VOC) als Obstgärten angelegt. Die Schiffe, die von den Niederlanden um das Kap herumfuhren und Indien ansteuerten, konnten so mit frischem Obst und Gemüse für die Besatzungen versorgt werden. Heute sind die Companie's Gardens im Herzen Kapstadts eine grüne Oase der Ruhe. Angestellte aus der näheren Umgebung verbringen dort, wie in den Londoner Parks, ihre Mittagspause und schließen die Augen um Kraft für die Arbeit am Nachmittag zu tanken. Ebenfalls, wie in London, haben sich eine Menge Eichhörnchen angesiedelt, die sich aus der Hand füttern lassen. Mir sind sie immer etwas suspekt, denn sie fressen nicht nur aus der Hand, sondern klettern auch den Arm hoch. Und das brauche ich gar nicht. Einer der Gründe, weshalb ich auch den Greenmarket Square meide, obwohl er zum Shoppen von Souvenirs ein guter Anlaufpunkt ist: Tauben, die Ratten der Lüfte! Irgendein Idiot füttert mehrmals am Tag die Tauben und binnen weniger Minuten treffen Hunderte von ihnen zum Festmahl ein. Wieso er das tut (ich glaube, es wird auch sehr kontrovers in der Bevölkerung diskutiert), weiß ich nicht. Und möchte ich auch gar nicht wissen. Mir wäre der Markt ohne die Vielzahl an Tauben deutlich lieber. Ron erzählt immer die Geschichte, wie der Fütterer von den Hinterlassenschaften der Tauben getroffen wurde, nachdem sich Cafégäste über die Hinterlassenschaften in ihren Getränken beschwert haben. Wer den Schaden hat, braucht für den Spott nicht zu sorgen. Und in diesem Fall kennt meine Schadenfreude kaum Grenzen, weshalb ich mich lieber den für mich schöneren Orten zuwende.

Bo Kaap / The Malay Quarter

Parallel zur Long Street, nur ein paar hundert Meter entfernt, befindet sich das islamische Viertel Bo-Kaap, berühmt für seine bunten Häuser und zahlreiche (mindestens eine, laut dem Internet aber sogar 10) Moscheen. Gegründet wurde das Viertel, das heute als einziges noch das „alte Kapstadt" darstellt, durch freigelassene Sklaven aus Malaysia, Sri Lanka, Indonesien und Indien. Die die neue Freiheit Genießenden brachten neben den Bräuchen auch ihre Religion mit und ließen sich am Fuße des Berges nieder. Offenbar hatten die Besatzer zumindest den Anstand, nicht die örtliche Bevölkerung zu versklaven, sondern importierte die Menschen aus dem Orient.

Besser macht es das aber auch nicht.

Deren Speisen können heute noch im Bo-Kaap bei einem Spaziergang probiert werden. Litt die Bevölkerung bis zum Ende der Apartheid noch unter den geltenden Gesetzen, erstrahlt das Viertel heute wieder unter altem Glanz und beherbergt neben den genannten Moscheen zahlreiche historische Gebäude. Wer es noch genauer wissen möchte, kann sich in das Bo-Kaap Museum verirren. Schön zu sehen ist auch, wie sich die Menschen, größtenteils Kapmalaien, zum Gebet begeben, sobald der Muezzin in den Straßen ertönt. Und sie beten nicht irgendwo im Bo-

Kaap. Die meisten beten in der immerhin ältesten Moschee Südafrikas.

Könnte bei dem Farbenspiel auch in Mexico liegen, ist aber in Kapstadt: Bo-Kaap. Heimat der Kap-Malaien.

Die bunten Häuser sind nicht nur Anziehungspunkt für Touristen. Auch die Modeindustrie hat die Kulisse als idealen Spot für Modeshootings entdeckt. Durch die Gentrifizierung des Bo Kaap siedeln sich immer mehr neue, kleine Designerläden an, die ihre Kleidung oft nachhaltig und lokal produzieren lassen. Ich schlendere immer gerne durch die bunten und zum Teil schön bepflanzten Gassen und schaue durch die neusten Kreationen der Kreativen. Ich hoffe, dass sich in der nächsten Zeit noch mehr Gastronomie dort ansiedelt, denn die aktuelle Gastronomie ist enttäuschend. Es gibt kaum schöne Cafés. Aber ich bin optimistisch, dass sich das in absehbarer Zeit ändert.

Walbeobachtung: Hermanus

Wenn ich dann genug habe von der pulsierenden Stadt, die am besten an kühleren Tagen zu ertragen ist, fahre ich die Wale beobachten. Das ist zumindest eine Option, die ich immer wieder in Erwägung ziehe. Die Häuser in Bo Kaap sind menschengemacht. Sie sind immer präsent und trotz des spektakulären Gesamtgefüges als einzelnes Gebäude nur wenig spannend. Die Wale hingegen haben ihre eigene Faszination – und diese üben sie nicht nur auf mich aus. Während des Walfestes zu Beginn der Wale Season, der Walsaison, sind besonders viele Einheimische an den Buchten östlich von Kapstadt, um die Giganten springen, spielen und manchmal auch Kalben zu sehen. Im Gegensatz zu den Häusern sind sie fast immer unsichtbar. Sie entziehen sich unter Wasser unserem Blick und tauchen nur kurz auf, um zu atmen, zu springen oder zu spielen, bevor sie wieder in eine Welt abtauchen, die sich uns Menschen kaum erschließt. Über die wir nur wenig wissen und sie deswegen als geheimnisvoll wahrnehmen.

Die enormen Gefahren birgt, die Gegenstand von Monsterprojektionen und Mythen geworden ist. Und der Wal, den ich sehe, steigt genau in diesem Moment aus dieser Welt empor, bevor er nur kurze Zeit später wieder abtaucht.

Tipp

Walbeobachter gibt es nicht nur bei der OSZE, sondern auch an der Küste. Von Juni bis November wirst du einer von ihnen und beobachtest, wie die tonnenschweren Giganten aus dem Wasser springen. Hilft in diesem Fall zwar nicht der Demokratie, aber immerhin deinem Wohlbefinden. Macht aber nichts, Südafrika hat eine der fortschrittlichsten Verfassungen der Welt.

Die besten Bedingungen zur Walbeobachtung gibt es in der Gegend rund um Hermanus, also in östlicher Richtung, zwischen Juni und Oktober.

Nur ca. 1,5 Stunden von Kapstadt liegt Hermanus. Ein unattraktiver, überfüllter Touristenhort, der zahlreiche Attraktionen bietet. Tauchen mit dem weißen Hai zum Beispiel. Muss jeder selbst wissen, ob es erstrebenswert ist, mit denen zu tauchen. Ich bevorzuge dann, ein paar Kilometer weiter zu fahren und die Wale ohne den Great White Shark von der Küste aus zu beobachten. Dieses Schauspiel ist weltweit fast einzigartig. Kamera zücken, warten, auf den Auslöser drücken! Übrigens: Walbeobachter ist hier sogar wirklich ein anerkannter Job. Derjenige, der ab und an in ein Horn bläst und dann in eine bestimmte Richtung zeigt, weist damit in die Richtung der gesichteten Herden. Diese Menschen freuen sich über ein paar Rand Trinkgeld. Wo ich das Erlebnis, die Wale zu sehen, einordne? Ziemlich weit oben! Ein absolutes Must-See in der Umgebung von Kapstadt und ideal für einen Tagesausflug. Wer nur ungern viel im Auto sitzt, kann auch vor Ort nach einem geeigneten B&B oder Hotel für die Übernachtung suchen.

Tipp

Seine Rückfahrt plant man immer so, dass man vor Einbruch der Dunkelheit zurück in der Stadt ist.

#Sicherheitundso

#isthaltsonstgefaehrlich

#uberbeinacht

Generell gilt: Die Rückfahrt sollte man immer so planen, dass man vor Einbruch der Dunkelheit wieder zurück in der Stadt ist. Die Kriminalität tritt hauptsächlich nachts, bzw. nach Einbruch der Dunkelheit, zu Tage. Und wir wollen zwar viel, aber definitiv nicht Teil davon werden. Erst recht nicht als Geschädigter.

Meine Mutter setzt die Wale immer wieder auf die To-Do-Liste der Reisen nach Südafrika. Und ich kann nachvollziehen, welches Glück sie beim Anblick der Southern Right Whales und der Humpback Whales empfindet. Und so nahe, wie sie an die Küste kommen, braucht man keine Bootstour buchen. Ich glaube, diese Boote stellen einen invasiven Eingriff in das Leben der Wale dar. Mit ihrer Lautstärke und der Unruhe, die sie stiften, sind sie für die Tierwelt keine Bereicherung. Und auch das Tauchen mit dem weißen Hai schafft vermutlich nur eine Verknüpfung von Menschen und Futter und zieht die Tiere damit nur noch näher an die Küstenstreifen. Natürlich würde ich gerne mal einen weißen Hai aus der Nähe sehen, wie er sein Maul aufreißt und mit seinen über 5 Metern Länge gegen den Käfig schwimmt und stößt. Aber der Preis, den nicht ich, sondern die Umwelt dafür zahlt, ist mir deutlich zu hoch.

Erinnere ich mich, wie einige andere auch, sehr gerne an die Wale und freue mich bereits auf die nächste Saison, gilt an anderer Stelle: Wer sich erinnert, war nicht dabei.

Wer sich erinnert, war nicht dort: Winelands.

Keine Termine und leicht einen sitzen: Waterford Wine
Estate   https://waterfordestate.co.za/

Es wird Zeit für die Auseinandersetzung mit der Weinregion um die kleine Studentenstadt Stellenbosch herum.

Winelands: Stellenbosch

Zwar ist auch die Weinregion um die Städte Paarl und Wellington sehr schön, die Städte selbst können aber mit Stellenbosch in keiner Weise mithalten. In etwa 50km von Kapstadt entfernt, ist es nach Kapstadt die älteste von Europäern gegründete Siedlung im heutigen Südafrika und zählt knapp 20.000 Einwohner. Wurde Kapstadt durch die niederländische Ostindien-Kompanie (VOC) 1652 gegründet, folgte Stellenbosch am Eerste River nur 27 Jahre später und war der östlichste Vorposten der VOC vor Kapstadt. Wegen der guten Bedingungen dort wuchs die Stadt schnell und wurde bereits nach kurzer Zeit Gerichtsort. Weiterhin beherbergte sie zahlreiche Soldaten, die den Außenposten sicherten. Heute wird der Wohlstand hauptsächlich durch den Export von erstklassigem Wein genährt. An der örtlichen Stellenbosch Universität, einer der besten Universitäten des Landes, sind derzeit etwa 25.000 bis 30.000 Studenten immatrikuliert. Wie das Verhältnis von Studium und Weinkonsum ist und welche Wechselwirkungen daraus entstehen, kann ich nicht sagen (in vino veritas). Aber generell sollte gelten:

„Traue keinen Kamelen und auch sonst niemandem, der länger als eine Woche ohne Drink auskommt."

In diesem Sinne: Auf zu Waterford: Hier werden in fast mediterranem Flair erstklassige Weine mit korrespondierender Schokolade im Tasting angeboten.

Vermutlich nimmt meine Schwester in absehbarer Zeit ihr Studium der Medizin auf. Der Hinweis auf Stellenbosch als möglichen Studienort mit dem verbundenen Versprechen, sie häufig zu besuchen, ist bislang verhallt. Und ich würde sie wirklich häufiger besuchen, als wenn sie das Studium in Greifswald aufnimmt. Die Studiengebühren sind allerdings für Europäer deutlich höher als für Südafrikaner und dieses System hat gewissermaßen Charme, oder zumindest seine eigene Notwendigkeit: Denn durch die hohen Studiengebühren für Leute, die es sich leisten können, kann das Studium der Menschen aus Südafrika kofinanziert werden. Auch Nelson Mandela hat damals das Ziel der bestmöglichen Bildung für alle Südafrikaner als Mittel im Kampf gegen Armut erkannt. Also hoffe ich, dass das Verhältnis von lokalen und internationalen Studenten ausgewogen bleibt und möglichst viele Menschen aus der lokalen Bevölkerung ihr Studium dort und an anderen Universitäten aufnehmen können. Und vielleicht klappt es ja bei Anna zumindest mit einem Auslandssemester oder einem Auslandsjahr.

Gedankensprung, weg von Stellenbosch: Ein kleiner Exkurs zu den Walen und auch zu den Delfinen muss eingestreut werden: Kazkazi Kajak! In Hermanus konnte ich die Wale von der Küste aus beobachten, in Wilderness Delfine vom viewing point aus. Aber stets habe ich von einem Element aus auf ein anderes geschaut. Auf der Erde stehend in das Wasser. Ich glaube dieser Umstand allein erwirkt schon eine wahrgenommene Distanz, die zu überwinden nicht möglich ist, wenn man nicht in das Element des Wales eintaucht. Oder zumindest an der Oberfläche kratzt. In Mouille Point, Richtung Sea Point, kannst du dir ein Kajak mieten und eine (geführte) Tour entlang der Cape Town Skyline buchen. Raus geht es bis zu ca. 300m und in aller Regelmäßigkeit tauchen die stillen Giganten nahe neben dem Boot auf und schauen sich das rege Treiben über der Oberfläche an.

Auf diese Art und Weise habe ich schon einen der seltenen Mondfische früh morgens neben meinem Kajak auftauchen sehen und auch Wale waren nur relativ wenige Meter entfernt. Delfine muss ich da gar nicht mehr erwähnen. Mir ist nicht bekannt, dass es jemals einen gravierenden Zwischenfall gegeben hätte, der die Sicherheit im Kajak in Frage stellt. Deswegen gehe ich einfach davon aus, dass es sicher ist. Und selbst, wenn keine Wale, keine Delfine und auch sonst keine Fische in unmittelbarer Nähe auftauchen, was passieren kann: Der Blick auf die Skyline erschließt sich nur jenem Betrachter, der sich in ein kleines Boot gezwängt hat. Und wieder schafft es für mich eine große Distanz, denn nun sitze ich auf dem Wasser in einem Boot und schaue damit unweigerlich auf das Land. Und wieder hat das Meer etwas Beängstigendes, Geheimnisvolles. Was sich unter der Wasseroberfläche abspielt, kann ich nicht sehen. Zu sehr spiegelt die Oberfläche. Aus der Luft könnte ich vielleicht wenige Meter eintauchen, zumindest was das Sichtbare anbelangt. Es ist wieder diese Welt, die sich uns nicht erschließt, die sich scheinbar ständig wandelt und über die wir kaum etwas wissen. In dieser Hinsicht bin ich froh, als ich wieder das Land erreiche und mit meinen Füßen festen Boden betrete. Und da ich nicht der beste Schwimmer bin, ist das vermutlich auch besser so.

Niemand würde mich beschreiben als jemand mit einem grünen Daumen. Aber wenn ich abseits des Rummels etwas durchatmen möchte, zieht es mich gelegentlich in den Kirstenbosch Botanical Garden. Immerhin ein Garten, der nicht mit Giganten aus der Tiefsee auf mich wartet.

Kirstenbosch Botanical Gardens

Es gibt mit Sicherheit eine Menge wissenswerter Dinge über den botanischen Garten von Kirstenbosch zu sagen. Etwa über die Fauna und insbesondere die Flora des an der Flanke des Table Montain National Park gelegenen botanischen Gartens. Die Beobachtungen der Menschen, der Fremdkörper im botanischen Garten, zeigen aber etwas Spannendes, Anderes: Touristen, die leicht am Sonnenbrand zu erkennen sind, saugen die Informationen förmlich auf. Jedes Detail wird fotografiert, jede Informationstafel wird vom ersten bis zum letzten Wort gelesen. Keine Ecke des Parks darf unerkundet bleiben; keine Pflanze unbestimmt und keine Geschichte unerzählt. Das hat zweifellos seinen Reiz, insbesondere wenn man wissbegierig ist und die Dinge durchdringen möchte.

Viele Südafrikaner hingegen begnügen sich stattdessen mit einer Flasche Wein und einem Picknickkorb. Sie suchen sich einen Platz im Schatten und breiten die Decke aus. Manchmal mit der ganzen Familie. Sie leben dann für den Augenblick und genießen offensichtlich die Ruhe abseits des lauten Getümmels und verbringen Zeit mit ihren Freunden oder Familien. Für die Kinder ist es ein friedliches Moratorium, ein Ort zum Spielen und zur Entwicklung von Naturverbundenheit.

Die Herangehensweise, einen Korb mitzunehmen und eine entspannte Zeit zu verleben, liegt mir deutlich näher. Das Schnelle, das Hektische im Leben kann ich nur schlecht ertragen und bin von Natur aus eher mit einem sonnigen, aber ruhigen Gemüt und einer Menge Geduld und Gelassenheit gesegnet. Cashews oder Biltong (Trockenfleisch), Wasser oder Wein, eine Decke und eine Packung Zigaretten reichen, um dort eine gute Zeit zu verleben. Vermutlich wird es nie an Bedeutung verlieren:

„Der Mensch lebt nicht vom Brot allein. Nach einer Weile braucht er auch Drink." (Woody Allen)

Im Kapitel über den Tafelberg und die verschiedenen Aufstiegsmöglichkeiten habe ich bereits erwähnt, dass hier einer der schönsten Wanderwege seinen Ausgangspunkt hat: Skeleton Gorge. Ob man von Gorge nach dessen Wanderung nur noch das Skelett gefunden hat und ob ihm etwas Furchtbares widerfahren ist, weiß ich nicht.

Besties: Nelson & Johannes.

Rehydration: Die richtigen Knöpfe drücken

Weitere bekannte Wanderwege führen am Rhodes Memorial den Devil'S Peak Berg hinauf oder in südlicher Richtung zum Constantia Nek.

Wer es deutlich entspannter mag: In den Sommermonaten finden abends Konzerte im botanischen Garten statt. Auch hier gilt: Bringt euch einfach selbst Getränke und etwas zu Knabbern mit. Touristisch sind die

Veranstaltungen nicht ausgeschlachtet und so treten insbesondere lokale Bands und DJs auf. Eine Übersicht über anstehende Veranstaltungen gibt es auf der Seite des Kapstadtmagazins:

https://www.kapstadtmagazin.de/sommer-konzerte-kirstenbosch-kapstadt

Ich glaube es gibt auch eine Abendkasse für den spontanen Besuch. Aber bekanntere Acts sind meist vorher ausverkauft. Abfall wird natürlich immer mitgenommen, entsorgt und niemals im botanischen Garten zurückgelassen. Sonst ist die Pflanzenwelt traurig, weil alles verdreckt ist, die Bediensteten sind traurig, weil sie alles reinigen müssen und du bist traurig, weil es keine Konzerte mehr gibt!

Geographisch liegt Kirstenbosch in Kapstadts Stadtteil Newlands und bildet die östliche Flanke des Tafelbergs. Mit 36 Hektar ist er der größte von neun nationalen botanischen Gärten, die vom South African National Biodiversity Institute (SANBI) betrieben werden.

Die Bepflanzung geht zurück auf Jan van Riebeek, der um 1660 einen pflanzlichen Schutzwall gegen indigene Landnutzer errichten ließ. Deutlich später (1895, die beiden kannten sich also nicht persönlich) erwarb der Premierminister der Kapprovinz das Land, damit es nicht besiedelt werden kann. Er überließ das Land bei seinem

Tod ein paar Jahre später dem Staat, der am 01. Juli 1913 den botanischen Garten gründete. Namensgeber war Jan Frederik Kirsten, der sich nicht mit herausragenden Leistungen rühmen konnte, sondern einfach seine Farm dort betrieben hat. Der dümmste Bauer hat nun mal die dicksten Kartoffeln – oder wird zum Namensgeber eines Nationalparks, der nun über 100 Jahre seinen Namen trägt.

Gezeigt werden nur Pflanzen, die in Südafrika auch in der natürlichen Vegetation vorkommen. Der Park hat sich damit der nationalen Artenvielfalt verschrieben.

Unterwegs in Südafrika

Bei dem Gedanken, alleine oder mit der Familie oder Freunden mit dem Mietwagen durch das Land zu fahren, ist Vielen vielleicht nicht so wohl. Berichterstattungen über Überfälle, Kriminalität und Armut, die raue Seite des Landes und des Kontinentes, befeuern nur dieses Unbehagen. Auch Wilderei oder politische Auseinandersetzungen können ein schlecht greifbares Gefühl von Angst erzeugen.

Und dabei sind es gerade die Roadtrips, die das Reisen durch Südafrika so spannend machen. Innerhalb weniger Kilometer können sich Landschaft, Sprache und Kultur bereits komplett verändern. Ist die Garden Route an der N2 entlang noch touristisch gut erschlossen und sehr grün (man kann es auch Waldweg nennen), zeigt sich etwas weiter im Landesinneren bereits ein ganz anderes Bild. Ein Bild von Halbwüste und Trockenheit, spärlicher Begrünung und touristischer Unerschlossenheit.

Go straight.

Überblick

Von Cape Town nach Prince Albert

Prince Albert ist vermutlich eine von unzähligen Gemeinden, die man bereisen könnte. Vielleicht gibt es ähnlich schöne Gemeinden, vielleicht sogar schönere. Wer weiß das schon? Bereisen wird man sie dann doch niemals alle.

Prince Albert liegt ca. 400km von Kapstadt entfernt und ist Verwaltungssitz der gleichnamigen Gemeinde im Distrikt Central Karroo. Die Wegbeschreibung ist relativ einfach: Nach 400km auf der N1 musst du in östliche Richtung auf die R328 abbiegen und erreichst nach weiteren, knapp 50km das Ziel am Fuße der Swartberge. Die nächstgelegene Stadt liegt gut 70km entfernt und ist über den durchaus sehenswerten Swartbergpass mit einer Höhe von bis zu 1583m zu erreichen. Oudtshoorn lässt sich vorsichtig jedoch als äußerst hässlich und wenig wohnlich beschreiben und ist keinesfalls eine Reise wert.

Der Weg nach Prince Albert hingegen ist alleine zu fahren schon lohnenswert. Kommt man gerade noch aus der pulsierenden Stadt mit ihren Millionen von Einwohnern, ist man schnell in einem Land, das anders aussieht. Das sich anders anfühlt. Vielleicht anders riecht. Anders schmeckt. Die Internationalität ist Südafrika gewichen. Viele der Touristen und Reisenden weichen der lokalen Bevölkerung. Der Lärm der Ruhe und die Nähe der Weite. Manchmal vergehen 20 Minuten ohne auch nur ein einzelnes Haus Auto zu sehen. Lediglich die Baboons am Straßenrand erinnern noch an die blühenden Landschaften vom Kap der guten Hoffnung. Wenngleich es auch hier zunächst noch grüne Gegenden mit Feldern und Landwirtschaft gibt, so weichen diese nach 2-3 Stunden (Angaben ohne Gewähr) der kargen Landschaft der Karroo. Karroo bedeutet Durst und in der Tat fragt man sich, was wohl passieren würde, wenn man unter der sengenden Sonne eine Panne und kein Wasser dabeihat. Der Weg nach Prince Albert ist noch relativ belebt und befahren. Dennoch, es empfiehlt sich immer, so viel Wasser wie möglich mitzunehmen. Denn nicht in jedem Dorf, nicht an jedem Shop, möchte man wirklich halten und in touristischer Manier sein Bündel mit Randnoten hervorholen.

Hat man schlussendlich die begrünten Berge hinter sich gelassen, so erreicht man die Karroo – hoffentlich, ohne zu durstig zu sein. Die Flächenweite kennen wir aus Deutschland nicht. Vielleicht auch nicht aus Europa. Nur Sand, steiniger Sand. Staub liegt in der Luft, wenn ein LKW eilig vorbeifährt. Die vielen Staubkörner und die heiße Luft verschleiern den Blick auf die Bergkette am Horizont. Wie weit mögen sie weg sein? 100km? Vielleicht sogar 200km? Google Maps könnte helfen, aber wen interessiert es im Grunde? Was wir wissen: Wir fahren hier durch, einfach immer weiter geradeaus und genießen den Ausblick. Und am Fuße eines dieser Berge werden wir Prince Albert erreichen:

Die Gemeinde reiht sich an der durch den Ort führenden Hauptstraße auf. Hier befinden sich alle relevanten Läden: Eine Tankstelle, ein Lebensmittelgeschäft, ein Kino, Verwaltungsgebäude, Galerien und Restaurants. Die Bevölkerung ist gemischt. Der schwarze Teil der Bevölkerung lebt friedlich mit der weißen und farbigen Minderheit zusammen und auch nach dem Restaurantbesuch, lange nach Anbruch der Dunkelheit kann man problemlos vom Restaurant zur Unterkunft der Wahl gehen. Und so fern der nächsten größeren Stadt ist auch die Lichtverschmutzung minimal. Ist gerade loadshedding, also eine geplante Stromabschaltung als Energiesparmaßnahme, lohnt sich der Blick ins Firmament immer. Bei über 300 Sonnentagen im Jahr ist die Wahrscheinlichkeit, freien Blick auf den Sternenhimmel zu haben, sehr gut.

Unscharf und verpixelt: Dilettantische Nachtaufnahme.

Und wer eine kleine Perle der Modeschöpfung entdecken möchte: An der Tankstelle abgebogen, erreicht man auf der rechten Seite vor der Ortsausfahrt (200m) einen Laden, der Einrichtungsgegenstände und Accessoires aus Straußeneiern fertigt. Selbst Roman Abramovic soll zur Einrichtung einer seiner Yachten Kunde gewesen sein und nennt nun einige der Stücke sein Eigen. Zwar kann, wer eine solche Yacht hat, sich problemlos Straußeneierkunst und -accessoires kaufen. Aber den meisten Freunden von falschen Umkehrschlüssen sei gesagt: Ihr könnt euch nicht eine solche Yacht kaufen. Aber Kopf hoch: Denn da ist der Sternenhimmel. Und der Swartbergpass! Und die sind besser als jede Yacht.

Prince Albert und der Swartbergpass

Benannt ist Prince Albert (früher Albertsberg, bis 1842, aktuell ca 7000 Einwohner) übrigens nach dem Ehemann Königin Viktorias von Großbritannien, dem Prinzen Albert von Sachsen-Coburg und Gotha. Die Passstraße wurde zwischen 1881 und 1886 gebaut. Befährt man die Passstraße, überkommt einen schnell ein Gefühl von Demut innerhalb der Steilen Felswände. Auch Gefühle wie Angst oder Hilflosigkeit sind nachvollziehbar, denn löst sich auch nur ein einzelner Stein weiter oben, so gibt es kaum etwas, was einen im Auto retten kann. Dank dieser grotesken Mischung aus Demut und Bewunderung vor und für die Schönheit dieser einzigartigen Natur, genießt man jeden Meter dieser Fahrt. Vermutlich bedingt durch die Höhe der Bergkette fällt hier besonders viel Regen, der die Stadt Prince Albert zuverlässig mit Wasser versorgt. Dadurch werden die Berge inmitten der kargen Sandlandschaft zu einer grünen Oase und Anziehungspunkt für viele Wildtiere wie Antilopen. Die Big 5 wirst du allerdings nicht finden. Aber wenigstens geeignete Beutetiere. Der Ausblick auf dem Gipfel des Swartberges ist phantastisch: 100km Sichtweite sind problemlos bei gutem Wetter zu erreichen und erneut wird einem bewusst, wie groß und schön dieses Land ist.

In Asien hatte ich oft das Gefühl, etwas zu bereisen, was ich nicht kenne. Afrika ist da als Wiege der Menschheit anders. Vielleicht gibt es so etwas wie die Epigenetik auch den Menschen als ein vererbbares Gedächtnis und damit das Wissen, wo er herkommt? Vielleicht fühlt es sich deswegen an wie Zuhause an einem Ort, an dem ich noch nie gewesen bin. Aber vielleicht ist es auch einfach nur ein wohliges Gefühl, das mich allein überkommt, wenn ich durch solche Landschaften fahre. Dennoch, insbesondere von Afrika beschreiben diese Erlebnisse viele Menschen. Insbesondere jene, denen es gelungen ist, sich auf den Kontinent und dessen Kulturen, einzulassen. Ist es ein wenig wie bei den Mauerseglern und wir kehren einfach gerne dahin zurück, wo wir herkommen? Nach Afrika? Auf den Gedanken, dieses Gefühl einem vererbten Gedächtnis aus der Zeit der ersten Menschwerdung zuzuschreiben, hat mich Kay Schaefer in seinem Buch „Ruhe in der Rastlosigkeit" gebracht. Ein empfehlenswertes Buch für all jene, die einen tiefen Einblick in einige Länder Afrikas erlangen wollen – immer auf der persönlichen Ebene und auf Basis des selbst Erlebten verfasst gibt Schaefer einen besseren und tieferen Einblick, als ich das jemals könnte.

Hier geht's hoch. 4x4 (SUV) brauchst du nicht.

Cheetahs (Geparden) in Oudtshoorn

Wer den Swartbergpass nun hinter sich gebracht und die Einöde der 72km entfernten Nachbarstadt Oudtshoorn erreicht hat, hat eigentlich nur zwei Möglichkeiten: Umdrehen und zurückfahren oder zum selben Zweck die Umgehungsstraße nutzen.

Wer meinem Rat nicht Folgeleisten möchte, was wenig nachvollziehbar ist, der kann nach Oudtshoorn fahren und dort relativ wenig machen: Die Stadt lädt nicht zum Bummeln oder Shoppen ein, die Gebäude sind relativ zerfallen und inmitten einer augenscheinlich zweckorientierten Lebensgemeinschaft (es gibt alles, was man zum Leben braucht, aber nichts darüber hinaus) gibt es nichts, was man tun kann. Außer den Menschen im Weg herumstehen. Und wer will das schon. Wer jetzt immer noch nicht gedanklich die Rückreise angetreten hat, kann eine Cheetah-Farm besuchen. Die Geparden kommen, überprüft habe ich das nicht (ich genieße die Illusion), aus der Gefangenschaft und werden auf der Farm zum Zwecke der Bestandsoptimierung und Vorbereitung auf die erneute Auswilderung gehalten. Eine schöne Idee, der man gerne Glauben schenken möchte. Sähe die Anlage nicht aus, wie ein Zoo. Möglich ist es hier, die Geparden unter Aufsicht zu streicheln, Babys (also Vermehrung gibt es doch) auf den Arm zu nehmen und auch mit einem Alligator zu tauchen. Für den Tauchgang sieht der

Veranstalter dringend die Buchung eines Käfigs vor. GoPro also mitnehmen.

Im Aquabereich wird auch immer wieder auf die Gefahren für Wildtiere wie Alligatoren durch Plastikmüll hingewiesen. Immerhin mussten bereits Tiere dort operiert werden, weil sie Getränkedosen und Plastik gefressen haben. Also vielleicht denkst du das nächste Mal ein wenig nach, bevor du deine Plastiktüte kaufst. Oder du isst sie. Der Tierarzt vor Ort kriegt das hin.

Aber, jedem Besucher sei gesagt: Das schönste an Oudtshoorn ist die Straße nach Prince Albert.

Hat scharfe Zähne, flinke Beine und ein schönes Fell: Cheetah

Von Prince Albert zum Addo Elephant Park

Prince Albert verlässt man am Ende des Aufenthaltes nur sehr wehmütig. Man hat die Gemeinde direkt ins Herz geschlossen mit der Liebenswürdigkeit der Menschen. Auf den Straßen hat einem jeder zugewunken und man hatte immer das Gefühl eines herzlichen Empfanges.

Aber wer möchte denn in Afrika gewesen sein, ohne Elefanten in relativ freier Wildbahn beobachtet zu haben? Wir verlassen schweren Herzens Prince Albert in unserem Kleinwagen und brechen am späten Vormittag auf in Richtung Addo Elephant Park. Am Shop unseres Vertrauens decken wir uns noch mit genügend Wasser ein, lassen den Tank auffüllen, kaufen ein wenig Proviant und steuern weiter gen Osten. Das GPS zeigt 450km, knapp 5 Stunden Fahrt. Ich ahne bereits, dass diese Zeit nur für SUV und andere 4x4 gilt und ich mit dem gemieteten Kleinwagen mit stumpfen Waffen kämpfe.

Die Landschaft, durch die wir fahren, wird noch einsamer, als die Fahrt nach Prince Albert. Wir haben die große N1, die von Kapstadt über Bloemfontein nach Johannesburg führt, lange verlassen und erkunden nun die Verhältnisse auf (Ab)Wegen. Zunächst kommen wir gut voran und auch die Zeit vergeht bei einem angeregten Gespräch wie im Fluge. Wir rauchen und singen und so schade es ist, nur selten fällt uns noch auf, wie weit man den Blick schweifen lassen kann. Auffallend ist hingegen, wie selten wir

Gebäude oder Menschen sehen. Auch andere Autos kommen uns nur noch selten entgegen. Manchmal werden wir überholt und können noch bis zu 15 Minuten das deutliche schnelle Auto auf der kerzengeraden Straße vor uns sehen.

Hin und wieder halte ich kurz an und lasse die Drohne bis auf über 200 Meter steigen. Über den Bildschirm und den günstigeren Winkel kann ich erahnen, dass wir noch eine Ewigkeit geradeaus fahren werden, bis in ca. 15 Kilometern eine leichte Rechtskurve die Richtung neu bestimmt und wir dann erneut weiter geradeaus fahren. Als ein anderes Auto auf dem Bildschirm erkennbar wird, lasse ich sie schnell wieder landen. Auch, wenn wir als erkennbare Europäer mitten in Afrika auffallen, möchte ich dennoch nicht meine Wertgegenstände zur Schau stellen und einen ungebetenen Verlust begünstigen. Die Leute im Auto winken uns zu. Wie alle. Ich werde noch ein wenig brauchen mich daran zu gewöhnen, dass ich bis auf ein geklautes Smartphone noch nie schlechte Erfahrungen gemacht habe in einem Land, das von der UN als eines mit der größten Ungleichheit und folgerichtiger Kriminalität bewertet wird. Wir winken zurück. „How's it" rufen wir uns kurz zu. Wie immer. Dann fahren wir weiter. „I'm good"

Johanna und die Wilderer: Sackgasse

Auf einer solch langen und ereignislosen Fahrt, spannend ist sie dennoch, weicht das angeregte Gespräch irgendwann dem Schweigen. Die Hälfte haben wir geschafft. Als wir die erste Tankstelle in einem kleinen Dorf entdecken, lassen wir den Tank erneut auffüllen und setzen unsere Reise fort. Der erste Ort, nachdem wir ca. 200km durchs Nichts gefahren sind. Durch die Karroo. Durch den Durst. Wie kann man sich hier versorgen? Wieso siedelt man an einer Stelle, die von nichts umgeben ist? Keine Berge, die Wasser oder Schatten spenden könnten. Kein Flussbett, das ich entdecken kann und damit kein Anzeichen von vergangenem Wohlstand oder zumindest vergangener, guter Versorgung durch fließendes Wasser. Wo kommt das Wasser hier überhaupt her und wo wird Abwasser hingeleitet? Ich denke darüber nach als wir weiterfahren und mir dämmert, dass ich das nicht verstehen werde. Wir sind jetzt im Ostkap, das mit einem Index der menschlichen Entwicklung von 0,617 den niedrigsten Wert aller Provinzen des Landes hat. Stand 2018 liegt Deutschland international im Human Development Index mit einem Wert von 0,936 auf dem 5. Platz. Südafrika liegt mit insgesamt 0,699 über alle Provinzen hinweg immerhin auf Platz 113 und ist an der Schwelle zum Land mit einer „Hohen menschlichen Entwicklung". Da bei Indexwertgleichheit die Ränge mehrfach vergeben werden, weißt die Rangliste allerdings nur 189 Plätze auf. Das Schlusslicht bildet Niger mit einem Wert von 0,354. Beeinflussende Faktoren sind Bruttonationaleinkommen pro Kopf, Bildungsindex und Lebenserwartungsindex.

Kurz vor unserem Ziel bremse ich abrupt ab und wir bleiben stehen. Eine Elephantenherde, Zebras und Antilopen tauchen auf der linken Seite im Blickfeld auf. Nicht weit von der Straße entfernt. Wir machen unzählige Fotos und Johanna ist außer sich. Erst auf den zweiten Blick verstehen wir, dass das der Rand des Addo Elephant Parks ist, an dem wir gerade entlangfahren. Meine Überlegung, die Drohne auszupacken und über die Herde zu fliegen, verwerfe ich schnell wieder. Zum einen weiß ich, dass es verboten ist. Zum anderen möchte ich die Herde nicht aufschrecken. Aber wie immer bestaune ich vor allem die sanften, grauen Giganten, die nichts aus der Ruhe zu bringen scheint. Sie stehen einfach dort, fressen, bewerfen sich mit Staub und Sand gegen die Hitze und bewegen sich behäbig.

Es wird dunkel. Wir müssen weiter. 0.617, der Index für die menschliche Entwicklung. Und wir werden gleich in der Dunkelheit mittendrin sein, was kein behagliches oder wohliges Gefühl ist. Und das GPS lotst uns immer wieder im Kreis. Kurz vor dem Ziel. Auf die Idee, die Lodge anzurufen und von unserer verspäteten Ankunft zu berichten und nach dem Weg zu fragen, kommen wir natürlich nicht. An einer Gabelung fragen wir einen Passanten (oder was auch immer er ist) in Tarnkleidung, ob er unsere Lodge kennt und wo diese ist. Er wirkt freundlich. Wir haben erst diskutiert, ob wir ihn wirklich fragen sollen. Denn so freundlich sah er jetzt auch nicht aus. Ca. 15 Minuten über die unbefestigte Straße, sagt er, dann seien wir da. Ein dicker, weißer Mann im 4x4 bestätigt die Aussage. Ihn treffen wir auf etwa halber

Strecke. Wir schweigen und die Stimmung ist angespannt. Hoffentlich finden wir unser Ziel auch ohne GPS, denn das hat nun ganz die Orientierung verloren. Das Wasser ist leer und der Hunger schlägt durch. Schlechte Laune macht sich breit.

Nach weiteren 10 Minuten auf der unbefestigten Bergstraße stellen wir fest: Es ist eine Sackgasse. Die Kopfseite wird von einem massiven Tor gebildet. Dass es sich wohl um eine Lodge handelt, können wir erkennen. Allerdings ist es nicht unsere. Drei Männer stehen davor mit Maschinengewehren und sie kommen direkt auf das Auto zu. Vermutlich hat Johanna kurz darüber nachgedacht, was wir falschgemacht haben könnten. Und das einzig verbotene, was wir in den letzten Tagen gemacht haben, war, in einem Nichtraucherauto zu rauchen. „Der Aschenbecher muss weg" schreit sie, als die 3 dunklen, bewaffneten Gestalten unseren Wagen fast erreicht haben. Mit einer klaren Ansage können wir uns einstimmig darauf verständigen, die Hände immer im für die wie Milizen aussehenden Männer sichtbaren Bereich zu lassen. Ob sie uns helfen können, fragen sie. Sie würden nur die Wildtiere vor Wilderern beschützen. Wie viele andere. Freundliche Menschen. Mal wieder. Eine gute Fahrt wünschen sie uns noch. Der Adrenalinpegel ist ins unermessliche gestiegen. Und als wir verbotenerweise wieder eine Zigarette anmachen, müssen wir lachen. Was ein Erlebnis. We're in Africa! Und darüber haben wir die Elefanten und Zebras fast vergessen.

Nachdem wir den Lodgebesitzer, einen Auswanderer aus dem deutschen Sprachraum angerufen haben und er uns den Weg erklärt hat, erreichen wir weitere 30 Minuten später unser Ziel. Nachdem das Haupttor geöffnet wird, erwartet uns ein Zebra zusammen mit Straußen und weiteren lokalen Wildtieren direkt am Eingang. Wir machen weitere Fotos und sind gespannt, welche Aussicht uns erwartet. Aber wir brauchen erst mal einen Wein. Etwas zu Essen. Und ein paar Minuten, um anzukommen. Leider wird es viel zu viel Wein und das frühe Aufstehen am nächsten Morgen (wir wollen schnell frühstücken, ein paar Fotos und Videos machen, den Sonnenaufgang genießen, durch den Addo Park fahren und dann weiter nach Wilderness) wird zur Qual. Aber man ist nur einmal jung und trotz der Dunkelheit ist der Blick ins Tal genauso fabelhaft wie der Blick in die Sterne. Wir erhaschen noch einen kurzen Blick auf einen Eland, also eine Elanantilope. Gemeinsam mit der Riesen-Elanantilope, die zwar nicht größer ist, dafür aber längere Hörner hat, bildet sie die Gattung der Elanantilopen.

Endlich am Ziel: Lodge. Hier: Sonnenaufgang.

Atemberaubender Ausblick. Mega.

Der Addo Elephant Park

„Fahrt auf keinen Fall in den Addo"

„In den Addo würde ich am liebsten direkt mitkommen"

„Wie könnt ihr denn solche Pläne machen – hat euch niemand einen guten Tipp gegeben?"

„I've been there and would love to go again. This place is marvellous"

Das sind die Sätze, die wir zu hören bekommen haben, als wir von unserem Plan erzählt haben, in den Addo Elephant Park, kurz Addo, zu fahren. Da wir aber Elefanten in (nahezu?) freier Wildbahn erleben und sehen wollten, der Kruger Nationalpark aber zu weit weg ist, war klar: Let's go! Und da ich über den Weg dorthin kein Wort mehr verlieren muss, kurz und knapp: Der Addo Park ist lohnenswert. Wer aber erwartet, allein auf weiter Flur durch die Wildnis zu fahren und auf einmal mitten in einer Herde zu stehen, ohne, dass sich andere Besucher in derselben Lage wiederfinden: Der bleibt besser zuhause.

Natürlich gibt es dort andere Besucher. Und natürlich gibt es angelegte, asphaltierte Straßen. So finanziert sich ein Park, der sich der Erhaltung und Erholung von Wildtierbeständen verschrieben hat. Gegründet wurde der Park Anfang der 1930er Jahre, als sämtliche Elefanten in der Region erschossen wurden, zum Schutze der letzten 11 überlebenden. Seither hat sich auf dem Parkgelände mit einer Fläche von 1640km² der Bestand deutlich erholt und zählt heute über 400 Elefanten. In Zukunft soll die Fläche des Parks verdoppelt werden, sodass der Addo Park zum drittgrößten Nationalpark Südafrikas anwächst. Die Big Five, also Elefanten, Löwen, Nashörner, Büffel und Leoparden sind im Park anzutreffen. Darüber hinaus Kudus, Zebras (Steppen- und Bergzebras), Warzenschweine, Elanantilopen, Hyänen, Weißschwanzgnus und viele weitere. Immerhin ist die Ansiedlung von Wildhunden und Geparden geplant.

Beim Schreiben des Textes fällt mir ein, dass wir Halt an einem Aussichtspunkt gemacht haben. Und da ich mir über die Fauna im Addo Elephant Park nicht ganz so intensiv Gedanken gemacht habe, bin ich entgegen der dringenden Parkempfehlung ausgestiegen um meinen Blick über die Berge schweifen zu lassen. Nun, wo ich weiß, dass auch Löwen, Leoparden und weitere Räuber Bewohner des Parks sind, würde ich beim nächsten Mal vermutlich im Auto bleiben. Vorsicht ist dann doch geboten, wenn man nicht als Hauptspeise einer Raubkatze enden möchte.

Von den genannten Tieren haben wir einige zu Gesicht und vor die Linse bekommen. Am schönsten war ein Kaffernbüffel, der sich direkt neben unserem Auto in ein Schlammloch geworfen hat. Mit bis zu knapp 600kg Gewicht eines erwachsenen Tieres ist es ein imposantes Schauspiel, wenn der Büffel mit all seiner Masse den Schlamm in alle Richtungen spritzen lässt. Die Leichtigkeit der Bewegungen ist unverkennbar und ich war erleichtert, dass wir zumindest einen kaum schwereren Kleinwagen um uns herumhatten.

Also alles in allem ein Park, der wirklich sehenswert ist. Und da die Wildtierbestände und deren Erholung auf der Agenda der Parkverwaltung stehen und diese sämtliche Tiere, insbesondere aber die Nashörner und Elefanten, vor Wilderern schützt, ist es in jedem Fall ein unterstützenswertes Projekt. Denn wir wollen nicht die letzte Generation sein, die Elefanten, Nashörner, Geparden und alle anderen Tiere in freier Wildbahn erleben kann.

Mit einer Entfernung von nur 70km zu Port Elizabeth liegt Addo auch nah an der Küste und eben auch an der Stadt, die von der Autobahn aus nicht den Anschein erweckt, als sollte man dort anhalten. Wenig einladend, wenig spektakulär. Aber vielleicht braucht man gerade diesen Gegensatz nach der bisherigen Reise?

Es gibt dort nicht nur Elefanten. Schweinerei.

Doch noch gefunden: Elefanten.

Vom Addo Elephant Park nach Knysna oder Wilderness

Ein Stopp in einem der beiden Orte auf dem Rückweg nach Kapstadt (Entfernung ab jetzt 751km) bietet sich auf jeden Fall an. Knysna ist der touristisch erschlossenere Ort in einer Bucht, gut geschützt und mit schönen Hotels und Bars. Alles aber eher steril, angepasst an den Tourismus, teuer. Dennoch ist Thesen Island in Knysna eine (Halb)Insel, die sich ideal in den Wunsch nach Erholung einfügt.

Wilderness hingegen kommt gerade erst langsam auf die Liste der sehenswerten Orte und mausert sich immer weiter zum beliebten Anlaufpunkt für all jene, die auf der garden route unterwegs sind. Und ab jetzt fahren wir die garden route. Was echt schade ist, denn die garden route ist nichts anderes als eine Küstenstraße. Zwar ganz schick, aber kein Vergleich zu den Küstenstraßen, die ich in der Kapregion gefahren bin und die zu den schönsten der Welt zählen.

Es ist dann doch immer eine Mentalitätsfrage, ob man eher die erschlossenen Ziele bevorzugt, oder sich gerne auf das Fremde einlässt. Wobei beide Orte, wie alles auf der garden route, niemals wirklich urtümlich und fremd erscheinen werden. Und so sind die Unterschiede letztlich marginal. Wer jedoch gerne an den Strand möchte (und hier befinden wir uns noch am warmen, indischen Ozean), sollte definitiv nach Wilderness: Der Ort zieht sich um einen der schönsten Strände der gesamten, gefahrenen Route herum. Der Sand ist weiß und fein und vor der Küste ziehen die Delfine vorbei. Mit etwas Glück jagen sie einen Schwarm Makrelen und treiben ihn in die Bucht, immer näher an die Küste. Wer dieses Glück hat, wird Zeuge eines einzigartigen Naturschauspiels: Denn wenn die Jäger ihre Beute angreifen, sind sie nur noch wenige Meter vom Strand entfernt. Demütig lassen einen diese Erlebnisse zurück, die einem eine Tierwelt zeigen, die man sonst nur von National Geographic aus dem Fernsehen kennt.

Back to Town: Stop at Cape Agulhas

Natürlich freue ich mich schon wieder auf Kapstadt, obgleich ich traurig bin, dass sich damit auch dieser Urlaub wieder dem Ende entgegenneigt. Wer weiß, vielleicht gehöre ich ja irgendwann zu den Schwalben oder Mauerseglern, die es im Winter in den Süden zieht.

Zunächst habe ich aber noch zwei weitere, mögliche Ziele, die ich auf dem Weg ansteuern kann.

1. Den Tsitsikamma-Nationalpark, der Teil des Garden-Route-Nationalparks ist. Mit den Tsitsikamma mountains bietet er in einer waldreichen Region tiefe Schluchten und besticht darüber hinaus z.B. mit den Big Tree, einer hohen, breitblättrigen Steineibe einheimischer Vegetation. Die tiefen Schluchten bieten nicht nur eine einzigartige Kulisse, sondern laden auch ein zum weltweit höchsten Bungee-Sprung: 216 Meter! Also wer den Adrenalinkick braucht, ist hier genau richtig. Das habe ich mich bisher jedoch nie getraut. Sonst wäre genau an dieser Stelle ein Foto von mir im freien Fall.

Mit diesem Arrangement von Bergen, Schluchten, Wald und auch einem Wasserschutzgebiet ist der Tsitsikamma-Nationalpark Anziehungspunkt für eine Vielzahl an Reisenden. Mir persönlich geben diese Orte nicht so viel. Es ist wie Instagram: Jeder pilgert zu den gleichen Stellen, um ein Foto zu machen und verlässt den Ort wieder. Dafür zahlt man Eintritt und hat aber immerhin das gleiche Foto wie alle anderen.

2. Der zweite Stopp, den man machen kann, ist am Cape Agulhas, das den südlichsten Punkt des afrikanischen Kontinentes darstellt. Wer hier bis zur Brandung läuft, weiß, dass es keinen Menschen gibt, der noch südlicher auf dem Kontinent steht. Ziemlich genau auf dem 20. Meridian liegend, treffen auch genau hier der indische Ozean und der atlantische Ozean aufeinander. Übersetzt heißt Cape Agulhas oder in Afrikaans Kaap Agulhas „Nadelkap" und kommt aus der portugiesischen Sprache. Niemand weiß so ganz genau, ob der Ursprung von den vielen Felsen und Riffen vor der Küste kommt, oder weil im 15. Jahrhundert die Kompassnadel an diesem Punkt genau auf den geographischen Nordpol zeigte, die magnetische Deklination also genau 0° groß war. Unabhängig von der Herkunft des Namens ist es wegen der heftigen Strömungen und dem hohen Wellengang ein mit Schiffen schwer zu befahrenes Gewässer, welches über den größten Fischreichtum der gesamten, südafrikanischen Küste verfügt. Was schade ist, denn wer hat schon Lust, bei diesem Wellengang und diesen Strömungen tauchen zu

gehen? Vom Leuchtturm aus kann man bei gutem Wetter zumindest die unterschiedlichen Farben der beiden Ozeane wahrnehmen und auch, wie sich diese beim Aufeinandertreffen immer weiter vermischen.

Das klingt zwar gut, ist aber echt langweilig. Denn außer diesen an dieser Stelle wilden Ozeanen hat das Kaap Agulhas leider nichts zu bieten. Der Leuchtturm ist ganz nett, der Besucher soll sich vor Spinnen und Schlangen in Acht nehmen, mehr gibt es aber eigentlich nicht zu beachten. Auch hier kann man schnell ein Foto machen für das Album zuhause (für Instagram lohnt es sich echt nicht!) und dann freut man sich aber auch, endlich wieder nach Kapstadt zu kommen. Wer jetzt meint, ich würde diese Stadt ziemlich mögen, mich da sehr wohlfühlen und immer wieder gerne dorthin zurückkehren, dem sei gesagt: Stimmt!

Modulare Zusammenstellung

Wegen der Vielzahl von Zielen, die in weniger als 2 Stunden von Kapstadt aus erreichbar sind, können 2 Wochen problemlos gefüllt werden mit einer Mischung aus Entspannung, Erlebnis- und Aktivurlaub. Diese Zeitspanne erlaubt es, einen tiefen Einblick in Kapstadt und die Umgebung zu bekommen. Gleichzeitig ist eine Dauer von 2 und mehr Wochen auch geeignet, das Land über die Grenzen des Westkaps hinaus zu erkunden. Um genau solche Exkursionen in die Reiseplanung einbetten zu können, habe ich mich für eine modulare Zusammenstellung entschieden, bei der du für dich wählen kannst, was dir beim Lesen am besten gefallen hat. Weitere Reiseführer, Informationen aus Dokumentationen oder Empfehlungen können dann problemlos eingebaut werden, sodass sich eine individuell geplante Reise ergibt, die auf deine Bedürfnisse abgestimmt ist. Größtenteils leitet sie sich aus dem Inhaltsverzeichnis ab, denn dieses nennt ja bereits durch die Kapitelüberschriften die Kernpunkte dessen, was man gesehen haben sollte. Und dennoch, hier fließt meine persönliche Wertung mit ein und die Übersichtlichkeit ist etwas erhöht. Schau es dir an und überlege, welche Elemente dich besonders interessieren – und stell dir deinen eigenen Reiseplan zusammen. Viel Vorfreude dabei.

Tag	Aufenthalt 10 Tage	14 Tage	14+ Tage
1	V&A Waterfront	Greenpoint Stadion	Rundreise Garden Route?
2	Longstreet & Bo Kaap	Tafelberg	Rundreise Karroo?
3	Lion's Head & Sundowner	Gärten der Kompanie und Galerien	
4	Kap der guten Hoffnung, Pinguine, Chapman's Peak Drive	Das Beste nochmal!	
5	Hermanus: Wale		
6	Winelands Stellenbosch		
7	Kirstenbosch		
8	Kloof Street & Greenmarket Square		
9	Strände		
10	Das Beste nochmal!		

Larissa und der Sonderurlaub

Während ich angefangen habe, das Buch mit meinen Erlebnissen zu schreiben, um es all jenen zugänglich zu machen, die über eine Reise nach Südafrika nachdenken, hat mich eine Kollegin angerufen. So wolle mit ihrem Partner nach Südafrika fliegen und brauchte ein paar Ratschläge. Was kann man machen, wohin kann man fahren, was für ein Auto braucht man, ... Das hat mich weiter bestärkt, dieses Projekt nicht einfach aufzugeben und mit dem Schreiben aufzuhören, sondern weiterzumachen.

Larissa ist derweil schon lange wieder zurück und muss eine traumhafte Zeit gehabt haben. Sie reist allgemein sehr gern, weit und viel und würde am liebsten nach jeder Reise für längere Zeit an ihre vergangene Destination zurückkehren. Dieses Mal möchte sie wirklich nach einigen Wochen unbezahlten Urlaubs fragen und das Land weiter erkunden. Larissa, ich hoffe, das klappt! Und nachdem du die ersten Seiten als Leseprobe bekommen hast, hoffe ich, dass du es irgendwann auch bis zu diesen Zeilen schaffst und dich freust, Teil dieser Geschichte zu sein.

Das andere Afrika: Zimbabwe, Zambia, Botswana, Namibia

Irgendwann packte es mich dann doch und ich beschloss, auch die Nachbarländer zu erkunden. In Botswana hat mich insbesondere das Okavango Delta gereizt, auf der Grenze von Zambia und Zimbabwe die Victoria Falls, bzw. Viktoriawasserfälle und von Namibia wusste ich von den unglaublichen Weiten in der kargen Wüstenlandschaft. Besonders fasziniert haben mich die Bilder von der Skelettküste, wo immer noch die Skelette von gestrandeten Walen und Seefahrern und deren Schiffen die Küste zieren. Aber auch die roten Wüstenberge und die Bilder des Etosha-Nationalparks mit seinem See, der als Anziehungspunkt für sämtliche Wildtiere gilt.

Also bin ich aufgebrochen zu einer Rundreise, die mich von Kapstadt zu den Victoria Falls führen sollte. Von dort wollte ich mit dem Auto weiter ins Okavango Delta nach Botswana und mit dem Flugzeug ein paar Tage später von dort nach Windhoek, Namibia, um meinen Roadtrip fortzusetzen. Besonders toll wäre es gewesen, mit dem Auto von den Victoria Falls durch Botswana bis nach Namibia zu fahren und Namibia von Norden nach Süden zu durchqueren – bis nach Kapstadt zurück. So habe ich es mir ausgemalt. Tage unterwegs zu sein, jedem Tag neu mit Spannung entgegenzufiebern und am Ende reich an Erfahrungen und mit einer prall gefüllten Speicherkarte meiner Canon zurückzukehren. Noch toller wäre aber gewesen, wenn alles so funktioniert hätte, wie ich mir das vorgenommen und erträumt habe. Merke: Das ist zu viel Konjunktiv! Das Resümee aber dennoch vorab: Ich war nicht das letzte Mal in den Nachbarländern Südafrikas.

Zimbabwe, das einst als Kornkammer Afrikas galt und von einem senilen Despoten (freundlich formuliert) sukzessive aber mit aller Konsequenz zu einem der ärmsten Länder des Kontinents, der ja eh schon nicht reich ist, herabgewirtschaftet wurde, ist nur einen kurzen Flug entfernt. Schon aus der Luft sehe ich, wie sich die Straßen wie mit dem Lineal gezogen durch die recht karge Savanne ziehen. Wobei die Straßen einfach nur aus Sand bestehen und diesen Namen deswegen nicht verdienen. Und wie holprig und schlaglochbehaftet Sand sein kann, werde ich ohnehin noch herauskriegen.

In Victoria Falls gelandet, stelle ich fest, dass ich mein Visum nur in Cash (Nicht in der Landeswährung. Nur in Dollar oder Euro) bezahlen kann. Oder mit der Visa-Karte. Leider habe ich nur meine AmEx und meine Mastercard mitgenommen. Und leider habe ich auch kein Bargeld. Meine Idee, einfach am Geldautomaten Cash zu ziehen um den Grenzer glücklich zu machen, ist auch alles andere als gut: Durch eine Bargeldkrise und die vorherrschende Hyperinflation ist das Bargeld ausgegangen und die Automaten sind alle außer Betrieb.

Letzten Endes darf ich auch ohne Visum einreisen, um Bargeld zu besorgen. Dass ich ohne Reisepass einfach ins Land gelassen werde, lässt mich etwas nachdenklich zurück. Aber ich bin froh zu erleben, wie entspannt in anderen Ländern mit solchen Fällen umgegangen wird. Aber ich bin vor allem nervös, denn bekomme ich kein Bargeld, muss ich unverrichteter Dinge die Heimreise antreten. Oder zumindest zurück nach Südafrika fliegen. Die Autovermietung hilft mir schließlich und bezahlt die Rechnung für mein Visum, bittet aber darum, das Geld bar zurückzubezahlen. Was heißt bitten: Ich muss einen handschriftlich aufgesetzten Vertrag unterzeichnen, der die Rückzahlung in Bargeld vorschreibt. Den Einzug des Betrages von meiner Kreditkarte lehnen sie strikt ab. Mir dämmert schon, dass es schwierig werden könnte, diese Vorgabe zu erfüllen.

Die Victoria Falls, gelegen am gleichnamigen Ort auf der Seite von Zimbabwe, sind imposant und zeigen dem Betrachter auf, wie klein man eigentlich ist. Mit 1,70m bin ich eh nicht der Größte, aber hier fühlt sich jeder klein. Über hunderte Meter schießt das Wasser mit einem ohrenbetäubenden Lärm in die Schlucht, die die Grenze zwischen Zambia und Zimbabwe bildet. Stundenlang laufen wir umher, machen Fotos und genießen das Naturschauspiel. Von einem Besuch des Devil's Pools, einem kleinen Becken direkt am Abgrund, sehen wir aber ab. Zu lang ist die Schlange und zu gefährlich scheint es uns, bis auf wenige Zentimeter an einen ca. 100m tiefen

Abgrund heranzuschwimmen – über dessen Kante auch noch Massen an Wasser fließen und einen theoretisch jeder Zeit mitreißen könnten. Den Namen hat der Pool also offensichtlich nicht ohne Grund.

Meine Idee, mit der Drohne ein paar Bilder zu machen wird von einer Vielzahl an Helikoptern zunichte gemacht. Außerdem gleiten so viele zerstäubte Wassertropfen durch die Luft, dass ich fest mit einem Absturz durch einen Wasserschaden in der Luft rechne. Ändert sich die Windrichtung, ist man schnell durchnässt.

Nachdem ich aus dem Staunen herausgekommen bin, kommt mir in den Sinn, dass ich noch das Bargeld besorgen muss. Mein Plan

1. Nach Zambia laufen
2. Dort einen Geldautomaten finden
3. Die dortige Landeswährung (Kwacha) ziehen
4. Mit dem Taxi in eine Wechselstube fahren
5. Zum vermutlich schlechtesten Kurs Kwacha gegen Euro oder US-Dollar tauschen
6. Zurück nach Zimbabwe und bei der Vermietung das Visum bezahlen

Bester Plan. Der Weg nach Zambia führt über eine von LKW vielbefahrene Straße. Der Ausreisestempel ist schnell im Reisepass, auf sambischer Seite erkläre ich den Grund meiner Einreise und darf auch ohne Stempel einfach durch das Grenzbüro laufen und nach Zambia einreisen. Ich solle mich aber beeilen und zurückkommen. Tue ich auch, denn der einzige Geldautomat weit und breit verfügt über ein großes Schild: Visa only. Und damit ist nicht mein Einreisestatus laut Reisepass gemeint, sondern das herausgebende Unternehmen von Kreditkarten. Ich bekomme kein Bargeld. Die einzige Idee, die ich noch habe, ist: Mit dem Taxi direkt in eine Wechselstube fahren und mit dem Geld von dort den Taxifahrer bezahlen. Wenn das aber schiefgeht, sitze ich vermutlich in Zambia im Knast und habe darüber hinaus noch das Problem der illegalen Einreise. In die Krisen-Vorsorge-Liste unseres Heimatlandes habe ich mich nicht eintragen lassen, sodass mich hier auch niemand suchen würde. Ich beschließe, nicht mehr zu versuchen, an Bargeld zu kommen und mit dem Auto einfach nach Botswana zu fahren, dort mein Glück zu versuchen und meine Reise zu genießen.

Nervös werde ich erst, als ich feststelle, dass die Grenzer einen Schichtwechsel hatten und keiner mehr da ist, der meine kurze Ein- und Ausreise hätte bezeugen können. Ich nehme all meinen Mut zusammen, tue betont lässig und sage, dass ich nur kurz da war und gerade nach Zimbabwe zurückmuss, alles hätte seine Richtigkeit. Ich laufe einfach durch das Büro, das von Grenzgängern eigentlich nicht betreten werden soll und erwarte jeden Augenblick eine Hand auf meiner Schulter, die mich zum Anhalten zwingt. Nichts passiert. Ich höre mein Herz zwar selbst schon bis zum Hals klopfen, aber keiner fragt nach. Das war der zweite Grenzübertritt ohne Passkontrolle an einem Tag. Doof nur: Ich habe den Ausreisestempel aus Zimbabwe bekommen, ohne einen neuen Einreisestempel eines anderen Landes erhalten zu haben. Wir erzählen den dortigen Grenzbeamten, dass uns auf dem Weg nach Zambia der Kreislauf etwas abgefallen ist und wir gar nicht bis an die Grenze gelaufen sind. Zum Glück liegen die beiden Grenzhäuschen ca. 2 km voneinander entfernt und bei sengender Sonne geht es einem wirklich schnell schlechter. Sie glauben es, nehmen ein Lineal, streichen das Ausreisedatum durch und versehen den Stempel mit einem handschriftlichen „cancelled". Wir haben nichts gewonnen. Aber zum Glück auch nichts verloren. Erst recht nicht unsere Freiheit.

Als wir am Abend, der Ort macht einen sehr sicheren Eindruck, aus einem Restaurant mit weniger hohem Qualitätsanspruch zum Hotel zurücklaufen, befinden wir uns an einem Bahnübergang plötzlich in einer Warzenschweinrotte. Es sind mehrere, teils große Tiere, die bis auf einen Meter an uns herankommen. Sie wirken zwar weder aggressiv, noch hungrig – das aber wirft in mir die Frage auf, was ich dann tun kann, um die Warzenschweine wieder loszuwerden. Es sind hübsche Tiere und sie machen einen sehr sozialen, friedlichen Eindruck. Fast, als könne man sie streicheln. Ich verwerfe die Idee, ihnen meine Hand auszustrecken. Irgendwo hatte ich mal gelesen, dass manche dann den ganzen Arm abreißen und meine Extremitäten sind mir wichtig. Einem wildlebenden Schwein so nah zu sein ist erneut etwas, was ich mir nicht hätte träumen lassen und woran ich auch heute, Jahre später, noch gerne zurückdenke. „Just walk and they leave" ruft mir jemand lachend zu und läuft weiter. Also setze auch ich jetzt einfach behutsam Fuß vor Fuß und gehe langsam aber bestimmt los und in der Tat, sie bilden eine Gasse. Sie laufen noch ein paar Meter mit und biegen dann irgendwo ab und verschwinden in der Dunkelheit.

Am nächsten Morgen stehen wir früh auf und starten in Richtung Okavango Delta, Botswana. Das GPS zeigt eine Dauer für die Fahrt, die zwischen Sonnenauf- und untergang zu bewältigen sein müsste. Müsste. Aber ich bin Optimist. Die ersten ca. 150km führen fast nur geradeaus durch eine sich nicht verändernde Landschaft mit dichtem, mittelhohem Gebüsch links und rechts der Straße soweit das Auge reicht. Irgendwann sehen wir am

Horizont ein Auto, dass die Straße blockiert. Wir werden angehalten, lassen zur Vorsicht die Hände im für die (hoffentlich) Beamten sichtbaren Bereich und müssen das Auto verlassen. Ich denke an einen (hoffentlich freundlichen) Überfall, aber es handelt sich wohl wirklich nur um eine Passkontrolle. Mit Maschinengewehren. Wenigstens nur umhängend und nicht auf uns gerichtet. Wir müssen unsere Koffer öffnen und den Inhalt auf die Straße legen, meine Drohnen und Kameras halte ich bereits jetzt für verschwunden und spiele gedanklich durch, wie ich wenigstens die Speicherkarten retten kann. Die Zeit vergeht nicht und ich möchte dieser Situation entfliehen. Geht aber nicht. Irgendwann dürfen wir alles wieder einpacken und bekommen unsere Pässe zurück. Als wir die Frage, wo wir hinwollen, wahrheitsgemäß beantworten, bricht schallendes Gelächter aus und wir werden mit einem „See you later, take care, try your luck and return before it's getting dark" verabschiedet.

30km später ist die Straße so eng und so schlecht, dass wir nicht mehr weiterfahren können. Beim Wenden rutscht das Auto fast ins Gebüsch und weil wir keinen Empfang haben macht mir der Gedanke am meisten zu schaffen. Es gelingt letzten Endes doch und wir kehren nun überzeugt vom Rechthaben der Polizisten zurück. Sie winken uns, wieder lachend, zu und wünschen uns eine gute Rückfahrt nach Victoria Falls. Wir werden nicht mehr nach Botswana aufbrechen. Und wir haben immer noch kein Geld. Ich buche noch am gleichen Abend Direktflüge nach

Windhoek, Namibia und beschließe, die Rechnung für das Visum nicht zu bezahlen. Ich bin sauer und enttäuscht. Zum einen, weil ich das Okavango Delta sehen wollte; zum anderen, weil man mir Geld geliehen hatte, von dem die Autovermietung wusste, dass ich es nicht würde zurückerstatten können. Franzosen helfen uns letzten Endes aus und bezahlen die Rechnung. Noch vom Flughafen aus bitte ich meine Mutter, einen Wertbrief nach Frankreich zu schicken mit einer Karte und der Bitte, mir per E-Mail den Eingang zu bestätigen. Die Familie hat mir sehr geholfen und ich beschließe voller Dankbarkeit, in einer ähnlichen Situation genau so großzügig zu handeln. Wir verlassen Zimbabwe. Nichts hat geklappt aber ich werde diesen Trip nie vergessen. Vor allem, weil nichts so funktioniert hat, wie ich mir das erhofft habe. Und das Okavango Delta bereise ich einfach ein anderes Mal. Es steht immer noch auf der Liste. Genauso wie Zambia. Ziemlich weit oben. Und es kann nicht mehr lange dauert, bis ich hinfliege.

Über Namibia gibt es gar nicht viel zu sagen. Warum wir ausgerechnet dort unseren „Platz an der Sonne" haben errichten müssen, bleibt mir schleierhaft. Windhoek ist ein lebensfeindlicher Ort, den ich nie wieder betreten möchte. Abgesehen von einem vorzeigbaren, deutschen Biergarten gibt es nichts, was mir positiv in Erinnerung geblieben ist. Die Kriminalität muss dem Vernehmen nach eklatant sein. Auch tagsüber sind wir darauf hingewiesen worden, die Kamera besser im Hotel zu lassen.

Die Strecken, die man mit dem Auto zurücklegen muss sind so enorm, dass einen das Ziel kaum entschädigen kann. Und dennoch war es abenteuerlich und ich würde es wieder tun. Aber nur noch mal zum ersten Mal. Ich glaube, Namibia habe ich weitestgehend von der Liste gestrichen. Allenfalls den Etosha-Nationalpark lasse ich noch auf meiner Löffelliste, also der Liste an Orten, die es zu bereisen gilt, bevor ich den Löffel abgebe.

Ziemlich sexy: Victoria Falls in Simbabwe.

Shyrine

Und so lange dauert es hoffentlich nicht mehr. Denn mittlerweile teile ich mir mit meiner Nachbarin Christina ein Patenkind in Malawi. Und Shyrine, das Patenkind, wollen wir Anfang 2020 besuchen fliegen. Ich hoffe auf eine schöne Fahrt am Malawi-See entlang nach Blantyre in das SOS-Kinderdorf und auch auf einen Abstecher nach Zambia. Dieses Mal mit Visum, Visa und Bargeld. Von dort aus möchte ich meine Familie in Kapstadt treffen und ein paar entspannende Tage verleben. Und vielleicht ergibt sich dazwischen noch die Möglichkeit, nach Botswana aufzubrechen. Und wenn mir das gelingt, bekommt dieses Buch vielleicht ein neues Kapitel. Und vielleicht wird es ein fortlaufend zu aktualisierendes Projekt, das immer über den neusten Stand meiner Reisen informiert und auf dem Laufenden hält. Wer weiß. Ich weiß es bislang noch nicht, aber schaue, was passiert und ob ich dann Lust dazu habe.

Bedenken wegen der Sicherheit in Malawi haben wir allerdings. Weit verbreiteter Aberglaube insbesondere im Süden des Landes und immer mal wieder aufkeimende Kriminalität haben mich skeptisch werden lassen. Vielleicht zieht es mich 2020 wieder nach Kapstadt.

Wer nun, vor dem Epilog, dem Ende des Buches, noch ein paar Bilder sehen möchte, hat ab hier noch was zu blättern:

Affenbaby.

Kapstadts Innenstadt.

Camps Bay und die 12 Apostel

Clifton Strände.

Büffel im Addo Elephant Park.

Steinformation am Kap der guten Hoffnung.

Wein an der V&A Waterfront.

Wunderschönes Tier: Elephant im Elephant Park.

Epilog

Ich kann gar nicht beurteilen, ob ich talentiert genug bin, meine Erlebnisse und Gedanken so zu formulieren, dass andere nachvollziehen können, warum ich immer wieder gerne an diesen Ort, bzw. diese Orte, zurückkehre. Ich hoffe natürlich inständig, dass es mir gelingt, die Zuneigung zu Südafrika im Einzelnen und der Kapregion im Besonderen zu transportieren.

Es sind immer wieder die gleichen Orte, die mich faszinieren, die mich Glücklich machen. Und auch, wenn ich einige der Orte immer wieder besuche und sie für mich nicht an Faszination verlieren, bleibt Platz, um Neues zu entdecken. Da ich mir aktuell einen gewissen Sparkurs auferlegt habe, werde ich den Anteil an Fernreisen ein wenig herunterfahren müssen. Ich werde versuchen, es auf eine Reise pro Jahr zu reduzieren. Solange ich kinderlos bin, muss das reichen.

Als nächstes nehme ich dann Malawi in Angriff. Meine Auseinandersetzung mit dem Land ist noch nicht weit gediehen. Aber der Malawi-See steht neben dem SOS-Kinderdorf in Blantyre, hoch im Kurs. Immerhin ist er auch Lebensmittelpunkt eines Großteils der Bevölkerung, die insbesondere die Fische aus dem Malawi-See als Grundlage der Ernährung auserkoren haben. Und weil Malawi touristisch nur wenig erschlossen ist, hoffe ich, dass das ein guter Weg ist, mit den Menschen in Kontakt zu kommen. Ich gehe gar nicht davon aus, dass ich regelmäßig nach Malawi zurückkehren möchte, nachdem ich das Land bereist habe. Nicht alle Erfahrungen muss man mehrfach machen und so gibt es einige Länder, die ich zwar gesehen habe, die zu sehen ich aber nicht wiederholen muss.

Die Kapregion hingegen wird ihre Anziehungskraft vermutlich nicht verlieren. Neben der Landschaft empfinde ich es als bereichernd zu sehen, wie Menschen mit verschiedenen Hautfarben und Religionen friedlich miteinander leben, Freundschaften eingehen und voneinander lernen. Ich wünschte, dass mehr Menschen aus Deutschland mal nach Kapstadt fliegen. Insbesondere all die Wähler der AfD. Dass diese Menschen sehen und lernen, dass nicht jede andere Religion als das Christentum, vor allem der Islam, uns in welcher Form auch immer Schaden zufügen möchte. Ich empfinde es als beängstigend, welche Vorbehalte es in breiten Teilen der Bevölkerung gibt und wie salonfähig pauschale Urteile über fremde Menschen geworden sind.

Manchmal brauche ich diese Erlebnisse um für mich selbst wieder die Bestätigung zu finden, dass ein Zusammenleben gelingen kann. Und ich hoffe, dass wir in Deutschland von diesen Nationen lernen. Wir können viel von ihnen lernen. Eigentlich möchte ich, dass es nicht nur dort eine rainbow nation gibt. Ich hoffe, dass irgendwann alle Menschen, unabhängig davon, wo sie leben, in einer Regenbogennation leben. Das erinnert vielleicht ein wenig an die Worte von Martin Luther King. Aber wenn ich mir vergegenwärtige, welche Krisen es aktuell auf der Welt gibt, welche Kriege aus welchen Gründen ausgefochten werden, dann haben seine Worte nie an Aktualität verloren – und sind heute vielleicht aktueller denn je.

Immer wieder erzähle ich Freunden und Verwandten spontan aus Kapstadt und Südafrika. Ich weiß gar nicht, ob ich manchen damit nicht sogar auf die Nerven gehe. Sollte das so sein: Das tut mir leid. Aber es ist mir immer wieder ein persönliches Anliegen, meine Erfahrungen und Gedanken zu teilen. Ohne Anspruch, dass diese Erfahrungen und Gedanken allgemeingültig sind oder gar über eine Tiefe verfügen, wie sie viele andere Menschen nicht haben. All das kann ich nicht für mich beanspruchen. Und das möchte ich auch nicht.

Was ich möchte, ist, bald wieder hinzufliegen, in die Stadt und das Land einzutauchen und den Augenblick auskosten. Und damit auch abzuschalten und das hektische, getaktete Leben in Deutschland für eine Zeit hinter mir zu lassen. Ausgerüstet mit der Kamera und einer sich stetig füllenden Speicherkarte macht es immer besondere Freude, die Erlebnisse fotografisch festzuhalten. Wer gerne ein paar mehr Aufnahmen aus meinen vergangenen Urlauben sehen möchte, findet meinen YouTube-Kanal unter Johannes Sapper.

Und so bleibt mir an dieser Stelle nicht anderes übrig, als mich bei allen zu bedanken, die es bis hierhin geschafft haben. Ebenso möchte ich mich bei allen bedanken, mit denen ich die nur auszugsweise geschilderten Erlebnisse teile. Die gesammelten Erinnerungen sind das letzte, was uns irgendwann genommen werden wird. Und ich hoffe, dass noch zahlreiche, hervorragende Erlebnisse dazukommen, bevor dieser Fall eintritt.

Johannes Sapper. 2019.

Herstellung und Verlag:
BoD – Books on Demand, Norderstedt
ISBN: 978-3-7504-1917-9